山陰文化ライブラリー 19

江戸幕府の絵図からみた初期松江城

―国絵図・城絵図・日本総図―

稲田 信
小山 祥子
西尾 克己

ハーベスト出版

口絵1

国宝　松江城天守

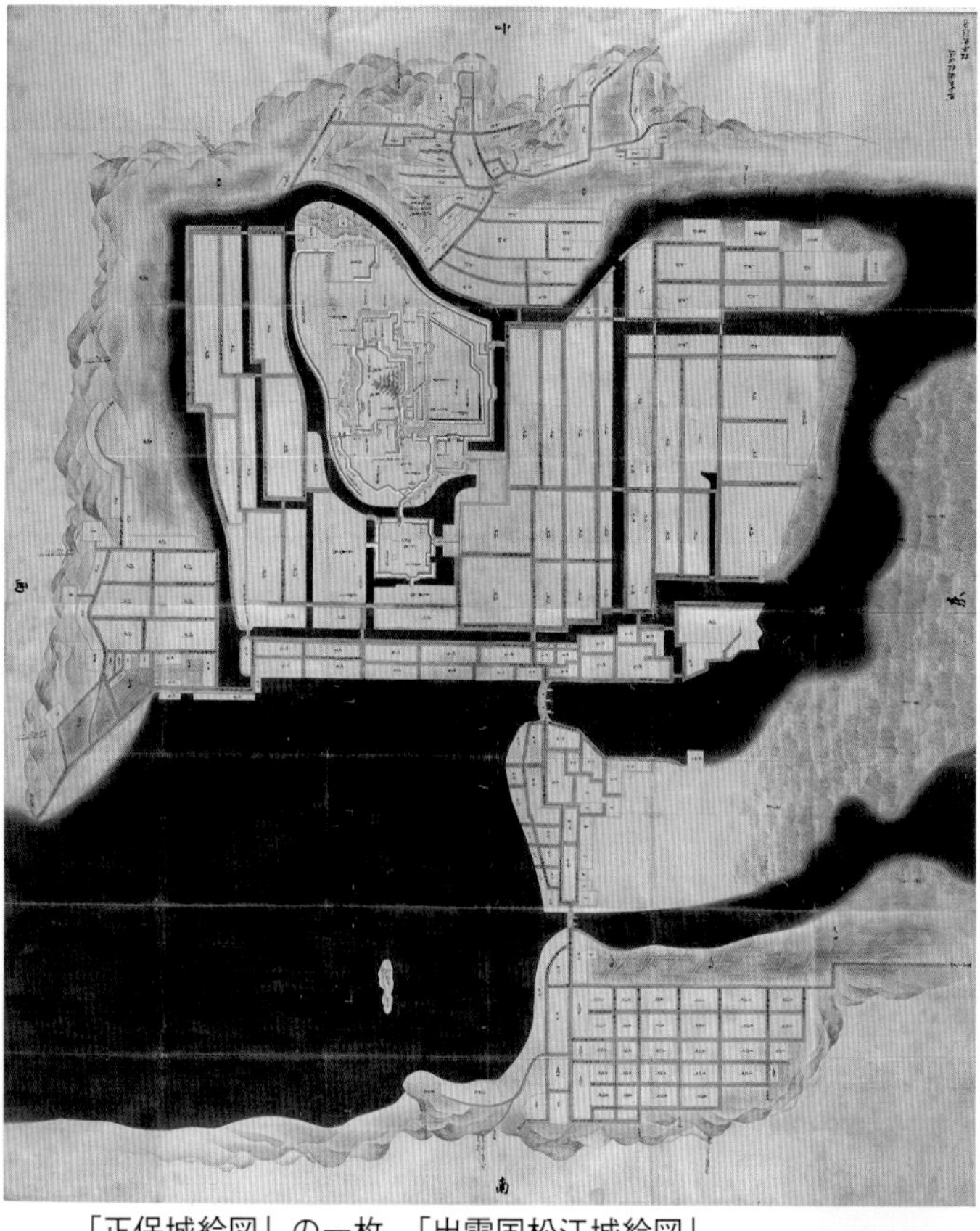

「正保城絵図」の一枚、「出雲国松江城絵図」
（正保2年：国立公文書館〔内閣文庫〕蔵）

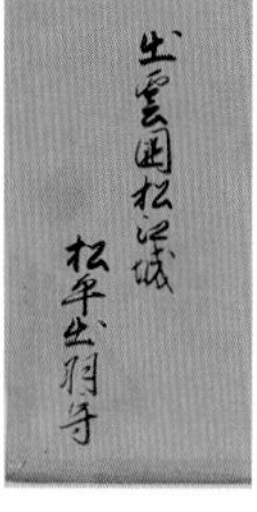

絵図に記された居城名称と提出者名

口絵3

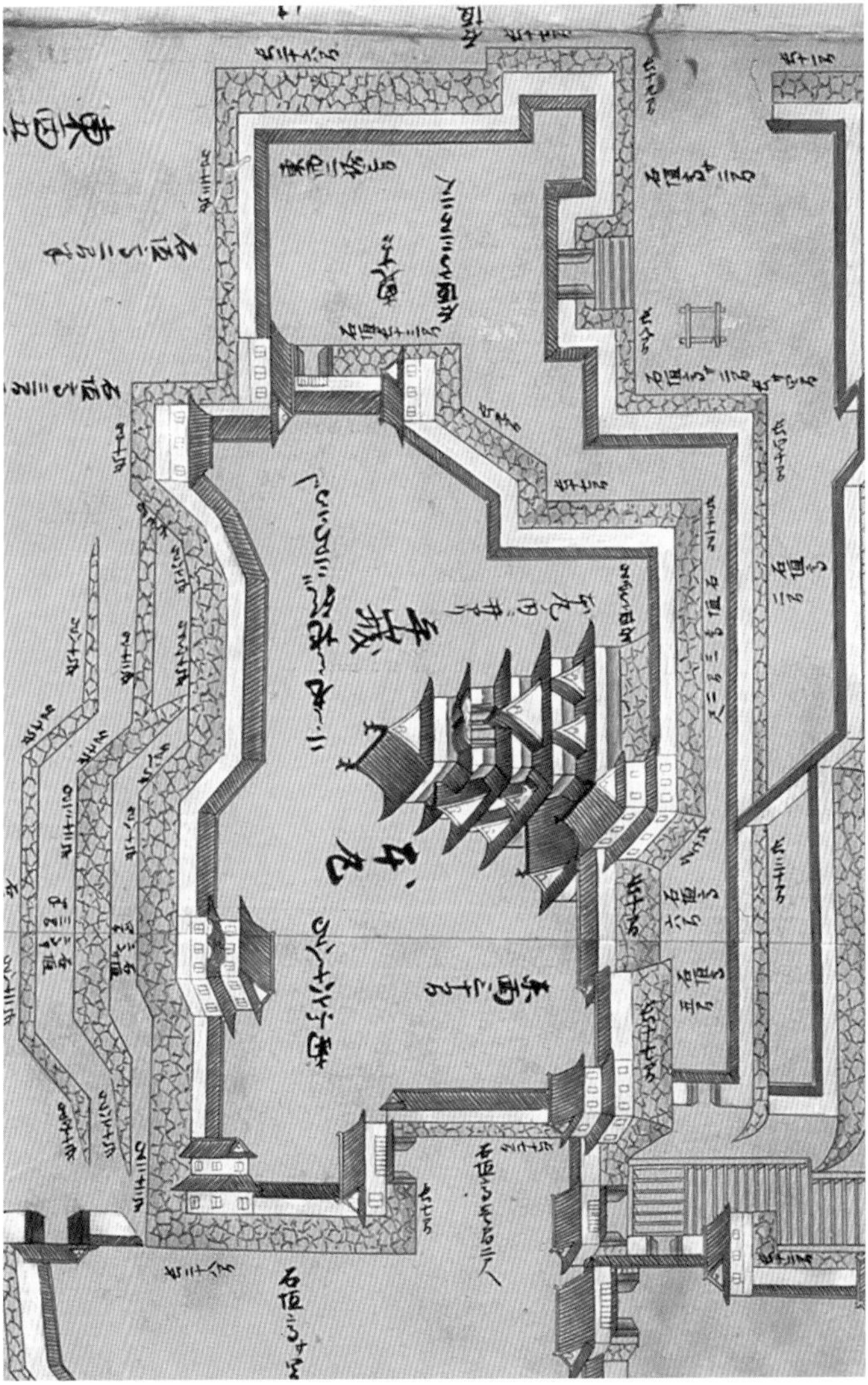

「出雲国松江城絵図」に描かれた松江城天守

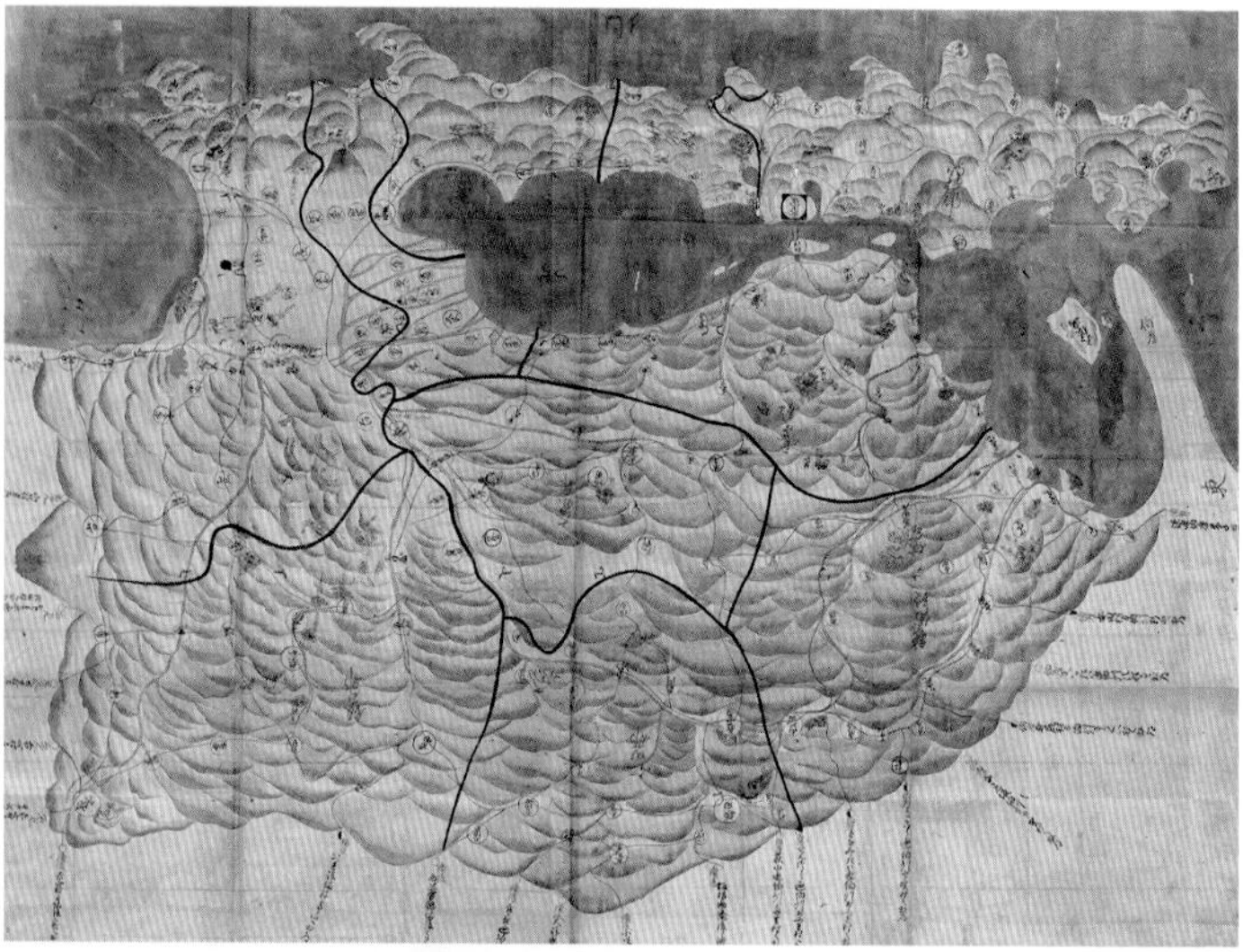

寛永10年出雲国絵図
（東京大学総合図書館〔南葵文庫〕蔵「出雲国図」）

寛永10年出雲国絵図に描かれた「居城」（末次城）

口絵5

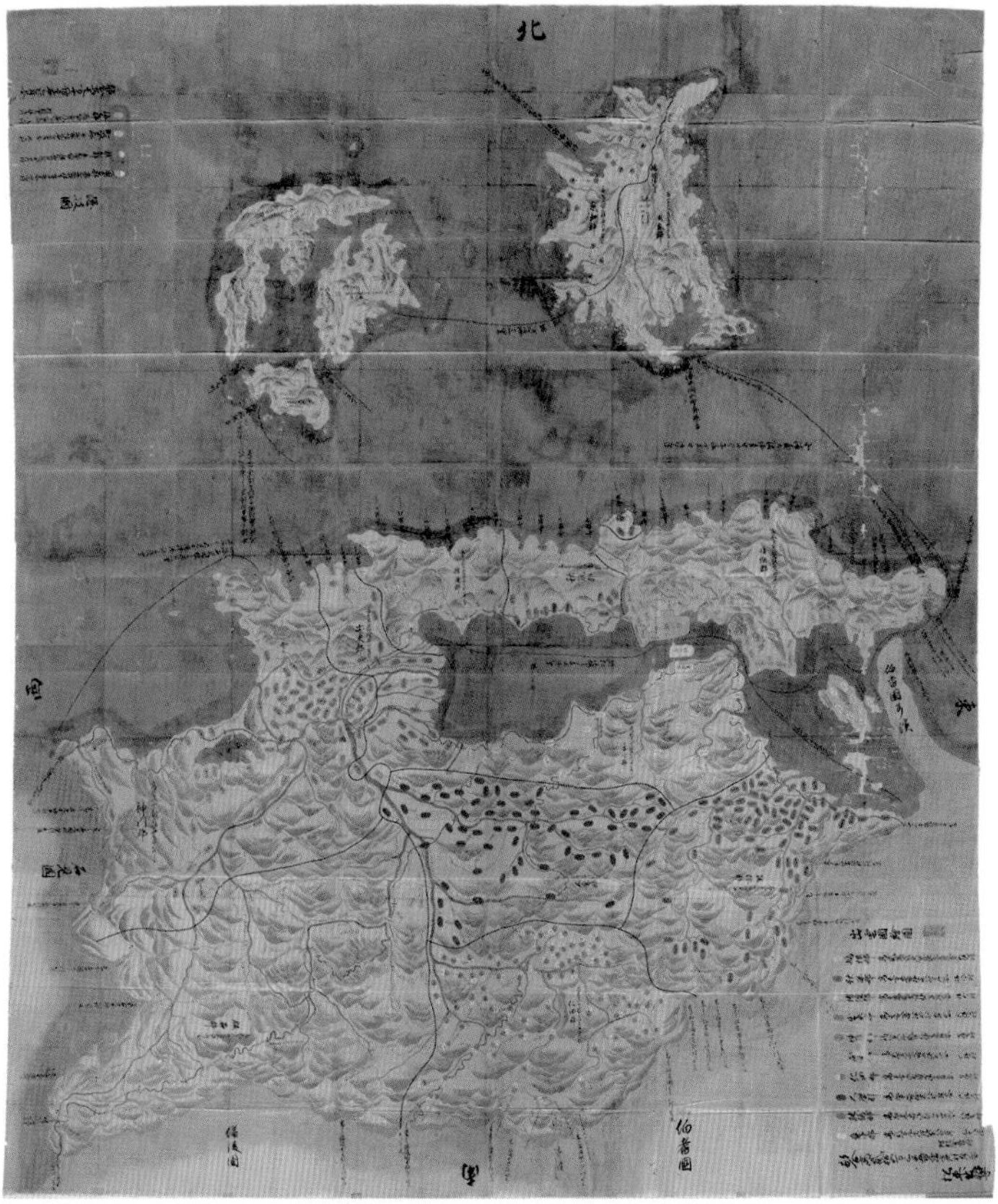

「正保出雲国隠岐国絵図」（正保２年：国立公文書館蔵）

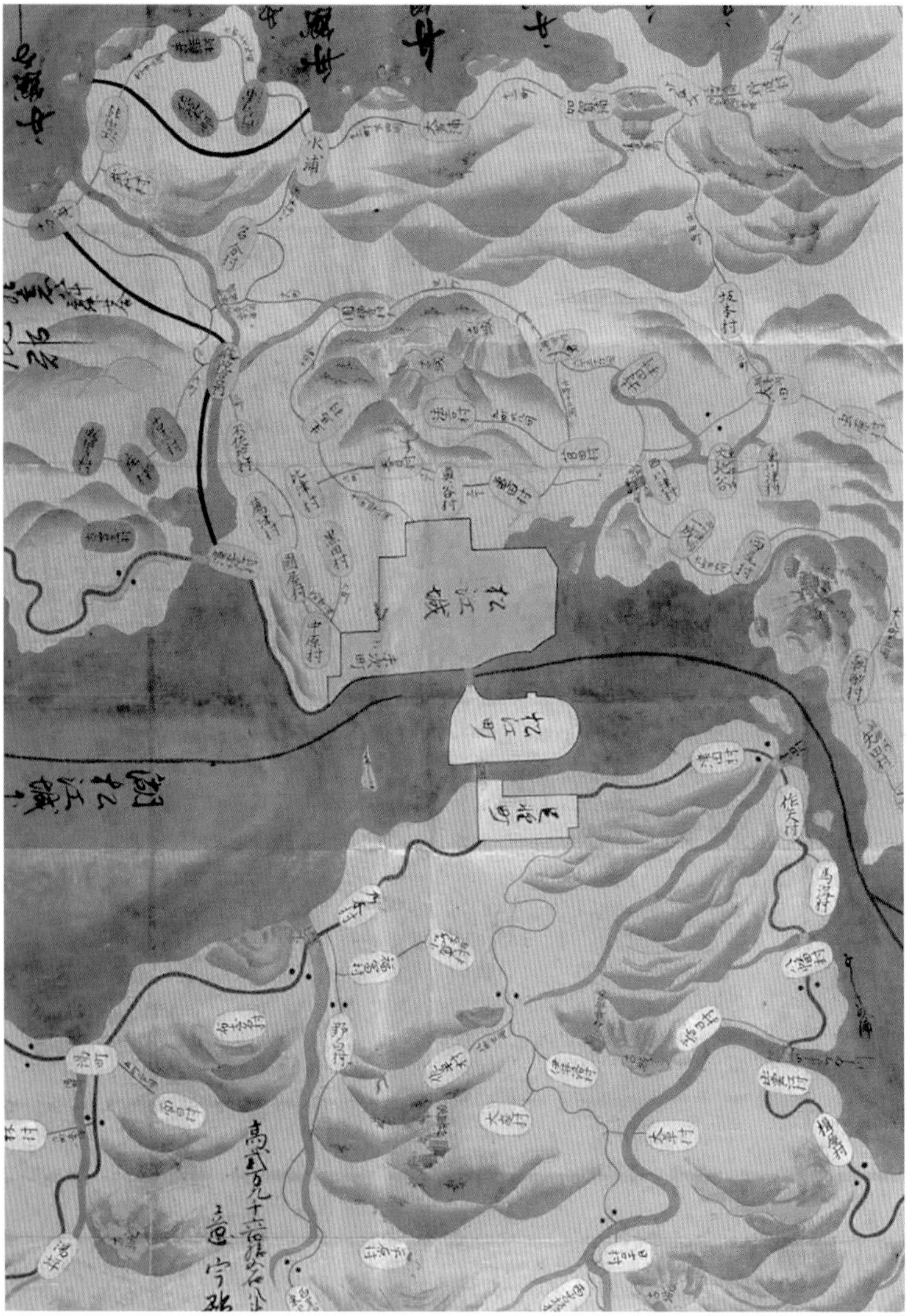

「正保出雲国隠岐国絵図」に描かれた「居城」（松江城）

口絵7

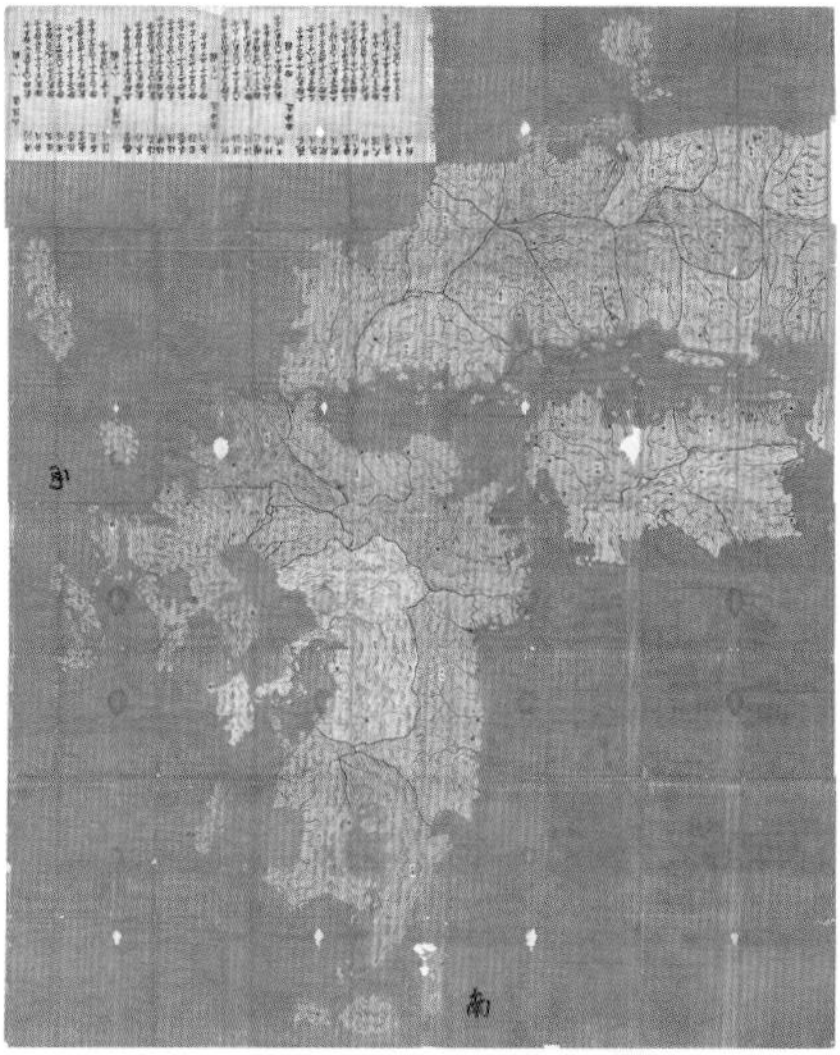

寛永10年日本図
（佐賀県立図書館蔵「日本之図〔中国・四国・九州地方〕」）

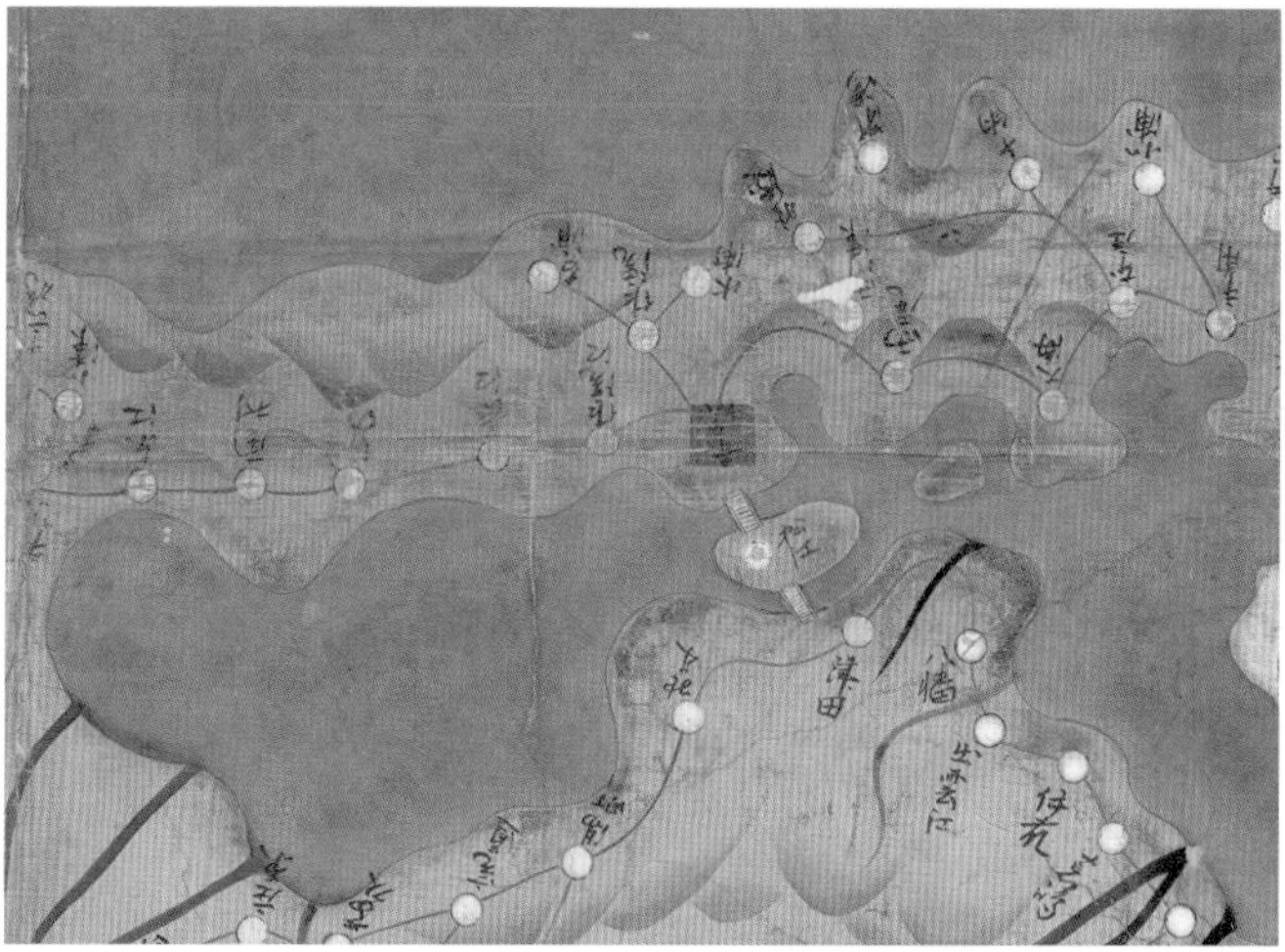

寛永10年日本図に描かれた「居城」（末次）

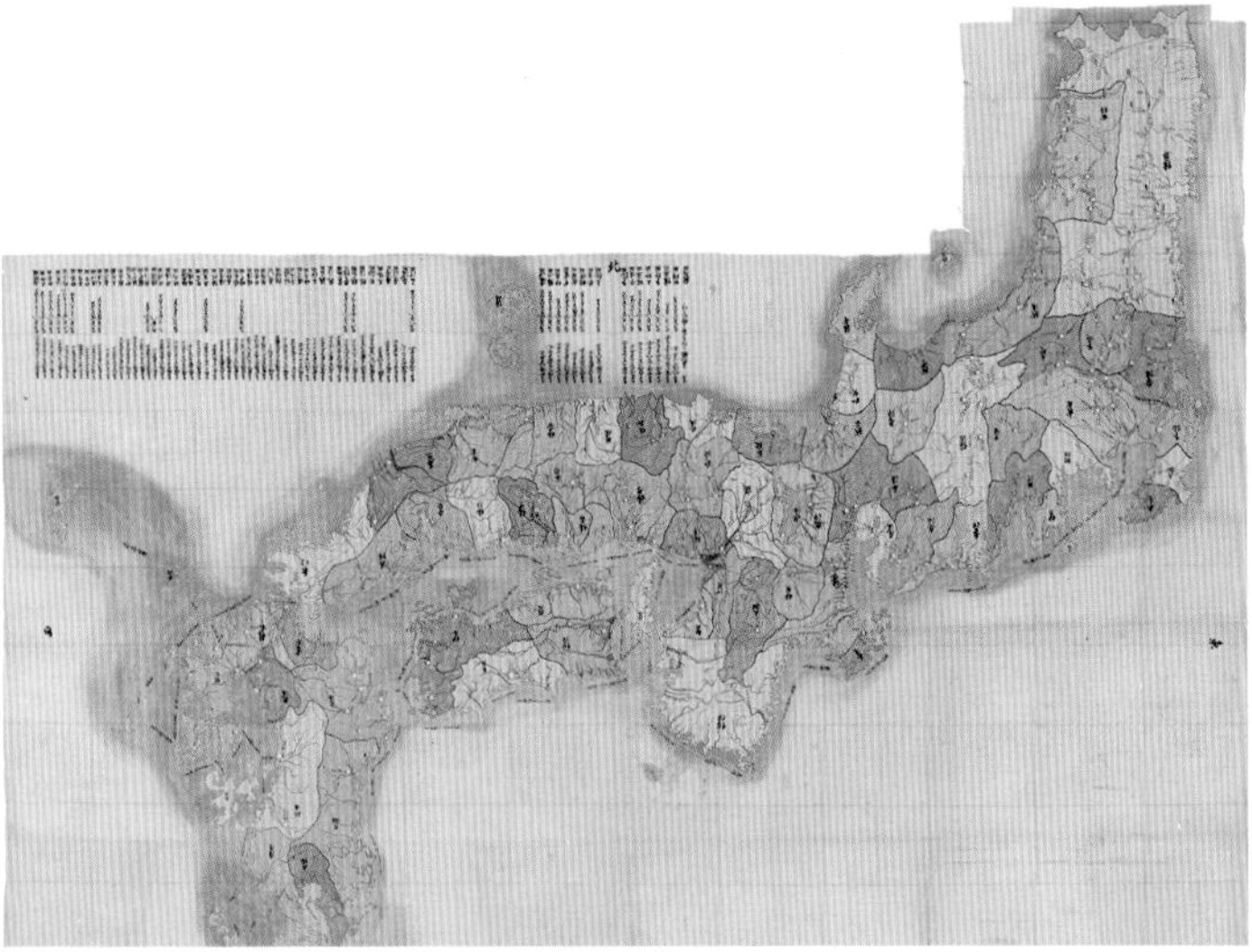

寛永15年日本図
（岡山大学附属図書館〔池田家文庫〕蔵「日本大絵図」）

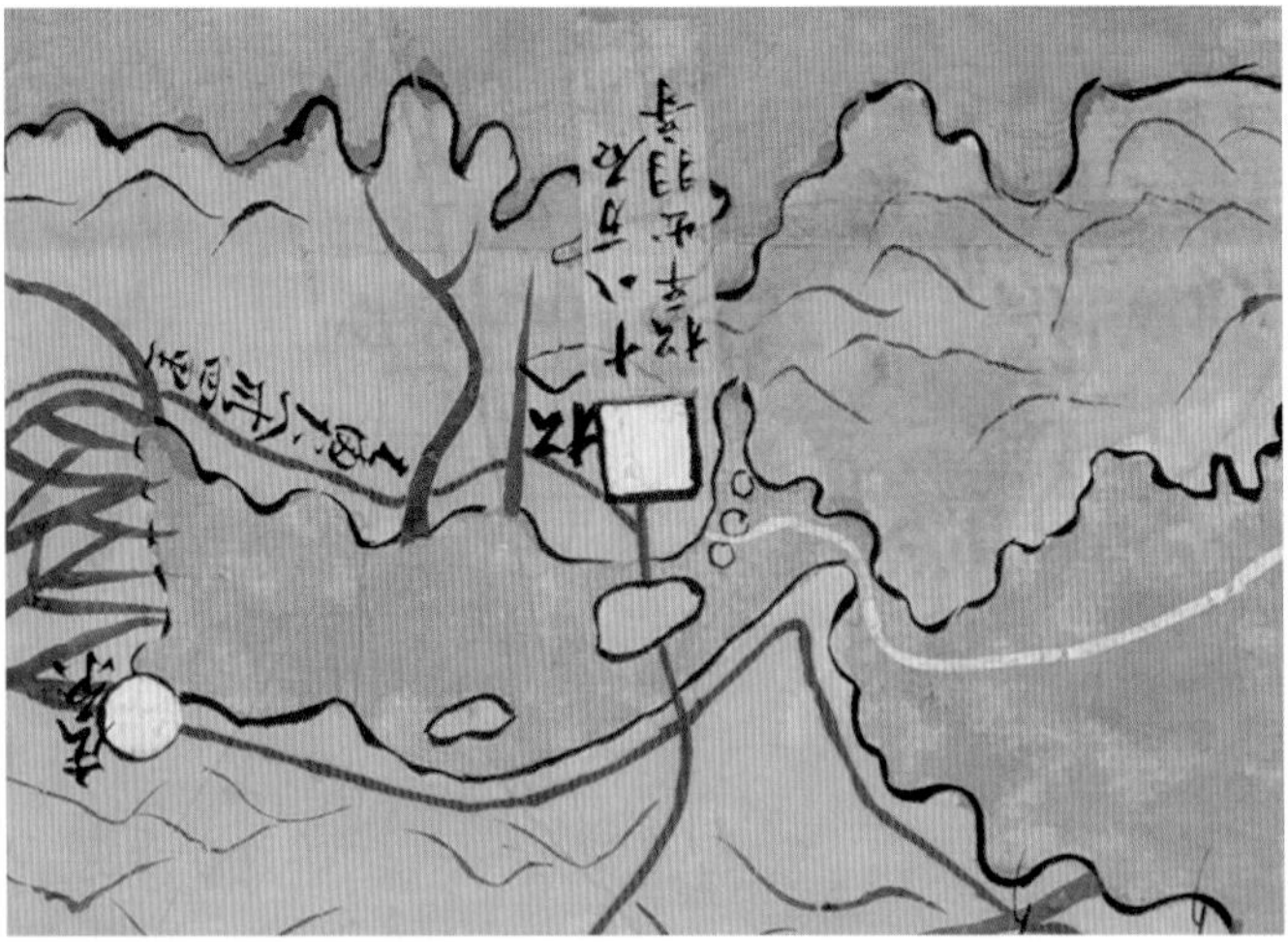

寛永15年日本図に描かれた「居城」（松へ）

目次

はじめに　江戸幕府の国絵図・城絵図・日本総図と初期松江城

一．江戸幕府の御文庫に収納された絵図

江戸幕府は、諸国の大名に命じ、全国的な規模での国絵図《くにえず》事業を慶長期、正保期、元禄期、天保期に行った。国絵図とは、江戸幕府が国ごとに作成させた巨大な地図で、幕府の威信をかけた国土の基本図のことである。

国絵図事業では、国絵図とともに土地台帳に相当する郷帳《ごうちょう》が併せて作成されたが、正保期には、加えて城絵図《しろえず》（いわゆる「正保城絵図」）と道帳《みちのちょう》の提出（献上）が求められた。この四度の他にも、幕府は必要に応じて諸国より国絵図を徴集しており、寛永期にも二度の徴集が知られている。

ところで、国絵図は国単位の絵図であって、諸大名の支配範囲を描いた図ではない。江戸期の日本には、出雲国、石見国、隠岐国など六十八か国あり、国絵図作成の責任者

（絵図元《えずもと》）は一国一枚を原則として仕立て、幕府は、提出された国絵図により日本列島の地図である日本総図《にほんそうず》を編集した。幕府による国家的な事業として作成された国絵図・城絵図・日本総図は、江戸城内の御文庫（紅葉山文庫《もみじやまぶんこ》）に収納されていた〔幕府収納絵図〕。

一国を一枚の絵図で仕立てる国絵図は、国郡制《こくぐんせい》という日本の古代律令国家の伝統を受け継ぐものであり、中国文化圏における地図の様式をふまえていた。十六世紀後半に統一政権を成立させた豊臣秀吉は、天正十九年（一五九一）、各地の大名らに全国の郡絵図と御前帳（土地台帳）の提出を命じている。続く徳川政権も、十七世紀前半には、慶長九年（一六〇四）、寛永十年（一六三三）、同十五年（一六三八）、正保元年（一六四四）と、立て続けに国絵図の徴集を行うとともに、寛永期の二度と正保期に日本総図を作り上げている。

十六世紀後半から十七世紀前半にかけては、秀吉の国内統一と大陸進攻、中国王朝の交代（明から清へ）、江戸幕府の成立、大坂の陣、島原《しまばら》の乱《らん》（島原・天草一揆）などが生じ、東アジアと日本列島における新たな秩序が形成されていく時期であった。その間に、国絵図の徴集や日本総図の編集が繰り返されたことは、日本の政治史・外交史とも関わり注目される。

近世出雲国の国主《こくしゅ》（太守《たいしゅ》、藩主《はんしゅ》）は、堀尾《ほりお》氏、京極《きょうごく》氏、松平《まつだいら》氏と続いたが、いずれも出雲一国を領有した国持大名《くにもちだいみょう》であり、今日残る出雲国絵図の作成・提出は堀尾氏および松平氏によって行われた（京極氏による国絵図提出は無い）。

幕府が諸国から徴集し、紅葉山文庫に収納した国絵図、城絵図（正保城絵図）の一部は、今でも紅葉山文庫を引き継ぐ国立公文書館の内閣文庫《ないかくぶんこ》に伝わっている。しかし、残念ながら江戸城の火災などで幕府収納絵図の原図（正本・献上図）は現存しないものも多く、十七世紀半ばまでは関連する文献も乏しい。本書でも、原図だけではなく、原図の系統をひくと思われる絵図をとおして検討を進めることとなった。

二．国絵図・城絵図・日本総図

幕府に提出された国絵図は、幕府の指示に基づき、基本的な図示内容と絵図様式が全国的に統一しており、その表記には幕府の軍用的な要請も反映されていた。初期には国ごとの不揃いもあったが、絵図事業を重ねると縮尺・様式および画風までも完全に統一されるにいたっている。

正保国絵図事業で求められた城絵図（正保城絵図）も、全国の城郭の構造が統一的な様式で詳細に描かれている。諸大名にとって最高の軍事機密である城絵図の徴集は、幕府権力の強化につながり、作成にあたってはきめ細かな基準が示された。国絵図は経年により改訂が必要になるが、城郭は元和元年（一六一五）以降、新規の築城が禁止され、幕府の許可を受けない修理も許されなかったため、城絵図の徴集は正保期のみだった。

幕府は、江戸時代二百六十年余りの間に、巨大な日本総図（日本地図）を七度にわたり編集していた。最後の「大日本《だいにほん》沿海《えんかい》輿地《よち》全図《ぜんず》」（伊能図）を除けば、全国から集められた国絵図を接合して編集したもので、経年により古くなると改訂が重ねられた。日本総図は、その時点での高い精度と詳しい内容を備えた国土の基本図である。

国絵図・城絵図・日本総図に類する絵図は、諸藩で藩政用に作成されたもの、軍学や知的好奇心により作成されたものなど多種多様に現存するが、幕府の権力を背景に成立した幕府収納絵図の信憑性は極めて高い。

ところで、江戸幕府が国絵図・城絵図・日本総図を作成し、御文庫（紅葉山文庫）に収納した目的は何だったのだろうか。地図が実用に供されることは言うまでもなく、人・物の移動や軍事に必要であり、政治や行政の実務など、国家の運営に欠かせない。だが、そのような実用目的を越えて、地図を作成すること自体が政権の証しとしてとらえられてもいた。国土の地図作りは、国家権力の存立と密接に関わっていたのである。

幕府に収納された絵図は、近代的な万人向けの情報を記した地図とは異なり、幕府側が求めた時々の歴史的な背景が反映されている。本書では、近世当時の用語としての「絵図」を、時代の特質を表するものとして理解し用いている。

三．初期松江城と幕府収納絵図

慶長五年（一六〇〇）、関《せき》ヶ《が》原合戦《はらかっせん》の功により、堀尾吉晴《よしはる》、忠氏《ただうじ》親子は遠江浜松より出雲・隠岐二か国の国主となった。出雲入国に際して、それまで吉川広家が居城《きょじょう》としていた富田城《とだじょう》に一旦入城するが、吉晴、忠氏親子は直ちに新たな居城の築城を計画する。城地には、領内のほぼ中央で、家臣団とその家族等の居住のために城下が広くとれ、大量消費物資の流通に水上輸送の便もある宍道湖岸の地、「松江《まつえ》」が選ばれた。

藩主堀尾忠氏の病没により、新たな城下町づくりと居城の築城はやや遅れたものの、慶長十二年（一六〇七）頃より着手されたと考えられている。堀尾氏が作成した「堀尾期松江城下町絵図」（寛永五〜十年〔一六二八〜一六三三〕、島根大学附属図書館蔵）では、大橋川を挟んで南北の区域を一枚の図で描いており、新城下町が中世以来の拠点的な港湾都市であった白潟《しらかた》と末次《すえつぐ》という水陸の要衝地を取り込む形で形成されたことが視覚的にも理解できる。

しかし、新たな城下町づくりと居城の築城を行った堀尾氏は、寛永十年（一六三三）に堀尾忠晴が嫡子ないまま病没したことで改易《かいえき》となった。また、堀尾氏を継いだ京極氏も短期間で改易となった。このため、十七世紀前半の初期松江城の実態については不明な点がいまだ多い。そのような中で、堀尾氏、松平氏により作成・提出された国絵図・城絵図、および幕府が編集した日本総図は、信憑性や正当性の高い公式の記録であり、初期松江城についても新しい知見を見出すことが出来る。

さて、平成二十一年（二〇〇九）から着手された『松江市史』全十八巻の一冊として、別編「松江城」が編纂された。城郭史・考古学・絵図学・文献史学・建築史学・土木工学・地質学などの多彩な学問分野の研究者が参加し、松江城を天守《てんしゅ》あるいは内堀に囲まれた城山《じょうざん》のみならず、城下町全体を含むものとしてとらえたことで、松江城研究は飛躍的に進んだ。

本書では、『松江市史』別編「松江城」での研究成果と、その後も続く松江城研究の成果を基に、幕府収納絵図からみた初期松江城と堀尾氏の領国支配の一端について考察を行うものである。

幸いなことに、国立公文書館内閣文庫に伝わる幕府収納国絵図・城絵図を始め、関係絵図を高精細でデジタル公開する機関も増えており、実見が難しい大型絵図の詳細を観察することが出来るようになっている。

はじめに　江戸幕府の国絵図・城絵図・日本総図と初期松江城

第一章　「正保城絵図」から見た初期松江城

一・「正保城絵図《しょうほうしろえず》」について

正保元年（一六四四）十二月、将軍徳川家光の命で全国一斉の本格的な国絵図《くにえず》事業が開始された。正保国絵図事業の特徴は、将軍と幕府の威信を諸大名に示し、領国や居《きょ》城《じょう》は将軍からの預かりものであることを知らしめることにあり、大目付井上筑後守政重の指揮のもと、国絵図、郷帳《ごうちょう》に加え、城絵図《しろえず》、道帳《みちのちょう》の提出（献上）が求められた[1]。

諸大名にとって最高の軍事機密である城絵図の徴集は幕府権力の強化につながり、作成にあたっては、描写（記述）すべき内容が次のように示された。

一、城之絵図之事

一、本・二・三丸、間数之事

一、堀のふかさひろさの事
一、天守之事
一、惣曲輪、堀之ひろさふかさ之事
一、城より地形高所有之は、高所と城との間、間数書付可申事
一、侍町小路割并間数之事
一、町屋、右同断之事
一、山城、平城書様之事

城絵図の提出は初めての経験であり、藩側では具体的な描写方法についていくども幕府担当者に問い合わせ、幕府の説明に基づき藩側は各条項に独自に補足説明を付けたりした(2)。

当時の幕府との力関係から、各藩は忠実に幕命を守って城絵図を作成・提出（献上）し、江戸城紅葉山の御文庫（紅葉山文庫《もみじやまぶんこ》）に収納された。全国の城郭とその城下を統一的な様式で描いた幕府収納の城絵図は、このいわゆる「正保城絵図」が最初であり最後でもあった。

「正保城絵図」には、天守《てんしゅ》や櫓《やぐら》などの建物、堀《ほり》、石垣《いしがき》、侍町《さむらいまち》、町屋《まちや》、寺社などが描かれているが、城郭内外の距離、堀の深さ広さ、石垣の高さ長さなどの情報は詳細に注記（小書《こがき》）されており、城の本質は土木にあることを示している。多くは、城郭が城下に比べ縮尺を変えて大きく描かれ、城郭に至る本道は太く脇道は細く朱線が引かれ、城下周囲の高所や、「浅田《あさだ》」「深田《ふかだ》」「堅田《かただ》」などの情報も記されている。絵図は狩野派の絵師たちの手によって統一された画風をもって描かれ、図の全面に美しい極彩色を施し、絵図を描く巨大な用紙は光沢のある高級和紙（雁皮紙《がんぴし》）を何枚も張り合わせ念入りに作り上げられた。

　幕府の創設後四〇年ばかり経って、各地の城下町もほぼ整備された時期に描かれた「正保城絵図」は、諸国諸城の軍事的機能の特性を幕府が完全掌握する目的に徴集された軍用図であり、城下町形成の初期段階の様子を知り得る貴重な史料でもある(3)。近世築城の完成期で、幕府の権威が最も高まった時期に諸藩に作成させた絵図であるから、内容の信憑性は極めて高い。

　文化五年から文政二年（一八〇八～一九）まで御書物奉行《ごしょもつぶぎょう》を勤めた近藤重蔵（正斎）は、「好書故事（巻第二十八）」（『近藤正斎全集』第三巻、国書刊行会）に城絵図一五七枚と記述している。紅葉山文庫の最後の蔵書目録である「元治《げんじ》増補《ぞうほ》御書籍《ごしょじゃく》目録《もくろく》」（国立公文書館蔵）によれば、幕末までに一三一枚が伝わっていたが、紅葉山文庫の蔵書を引き継いだ国立公文書館（内閣文庫）には約半数の六三枚しか現存していない。幕末まで紅葉山文庫に伝わっていた「正保城絵図」の約半数は幕末維新の動乱期に散逸したものと考えられており、戊辰戦争《ぼしんせんそう》の折に紅葉山文庫から持ち出されたと考えられる絵図も存在する（4）。また、国立公文書館に現存するもののほか、幕府へ提出した図の控《ひかえ》図や写《うつし》図が各地に残されている場合も少なくない。

二．「正保城絵図」をきっかけとした初期松江城天守の検討

（1）「正保城絵図」に描かれた松江城天守の姿

国立公文書館（内閣文庫）に所蔵される「出雲国《いずものくに》松江《まつえ》城《じょう》絵図《えず》」（図1、口絵2）は、「正保城絵図」の一枚である。

この絵図には、「出雲国松江城　松平出羽守」と提出者名が記されている（図2）。松平出羽守（直政）は結城秀康の三男として徳川家光とは従弟にあたり、寛永十五年（一

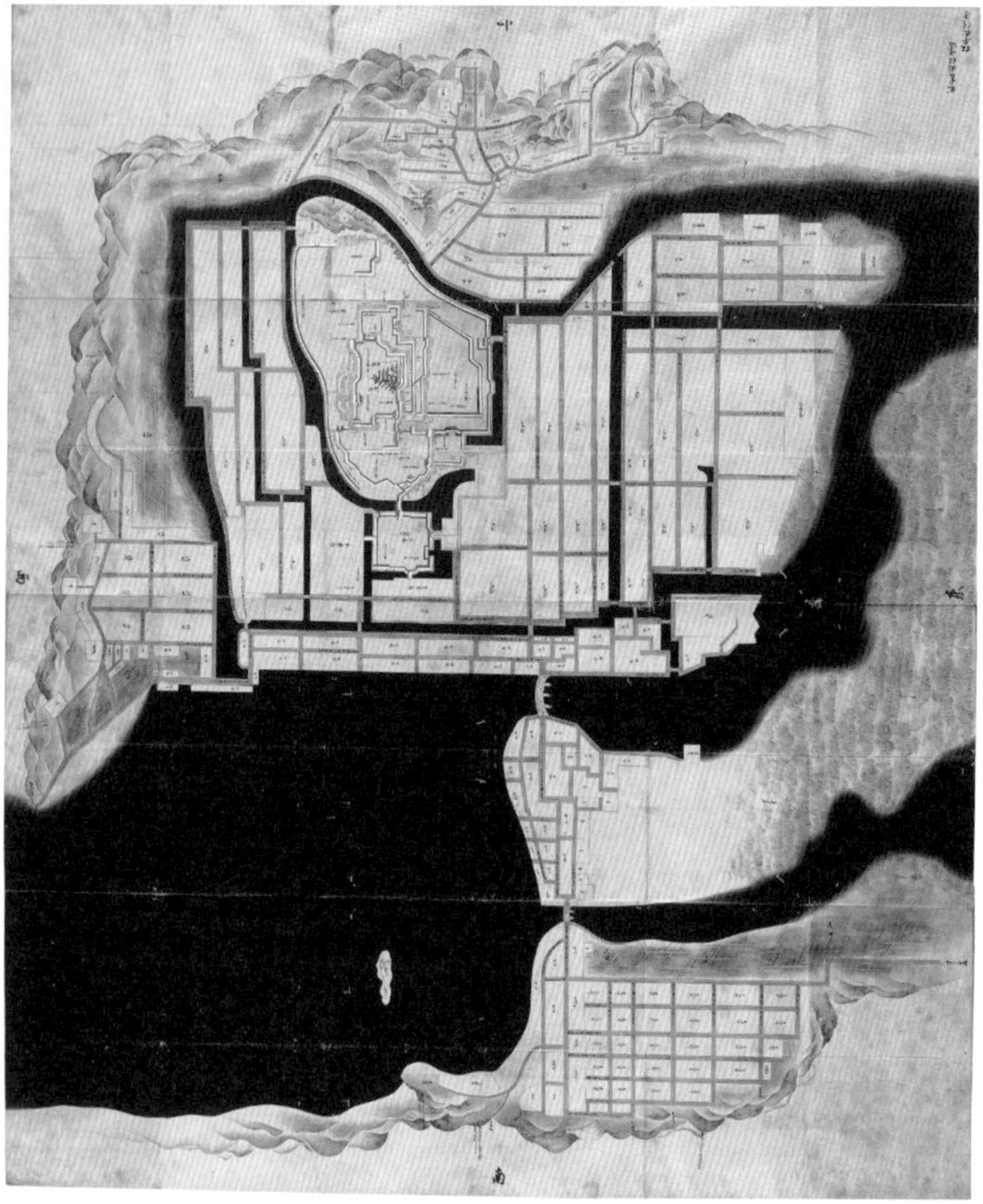

図１「出雲国松江城絵図（正保城絵図）」
（国立公文書館蔵、274.0センチ×324.0センチ）

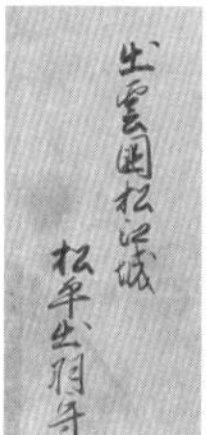

図２「出雲国松江城絵図
（正保城絵図）」に
記された提出者名

六三八）二月に出雲一国を封ぜられた。松江松平家に伝来した「綱近年譜 下（元禄十年五月二十一日条）」（島根県立図書館蔵）には、「同月二十一日、祖父直政 正保二年借二於所レ附スルレ官ニ之地図ヲ一、以テ 校二正ス 於雲州之地図ヲ一」（同月〔五月〕二十一日、祖父直政、正保二年、官に附する所の地図を借り、以て雲州之地図を校正す）と記されており、直政は正保二年（一六四五）に出雲国の「地図」（国絵図）を幕府に提出したことが分かる。城絵図も同じ頃に提出されたのだろう。

著名な絵図ではあるが、城郭内に描かれた天守図（図3、口絵3）は現在の松江城天守（図4）とは外観が異なり、二層目、三層目に「千鳥破風《ちどりはふ》」が、四層目には「唐破風《からはふ》」が描かれている。他にも「水《みず》の手門《てもん》」など、現在の松江城城郭施設とは異なる描写もあることから、地元の研究者の中では「実態とは異なるもの」と捉えられ、現状とは異なる天守図に関連する研究が進むことはなかった。

しかし、絵図の性格からして城郭史研究者からは、「出雲国松江城絵図（正保城絵図）」に描かれている天守の姿は、「実態とは異なるもの」ではなく、より「実態に近いもの」を描写している可能性が指摘されていた(5)。

「出雲国松江城絵図（正保城絵図）」に描かれた松江城天守の姿をきっかけに、絵図、

図3「出雲国松江城絵図（正保城絵図）」に描かれた松江城天守

図4　現在の松江城天守（南東面上空より）

天守に残された痕跡、文献史料から初期松江城天守の形態についての検討が始まった（6）。

（2）松江城天守図の変遷

検討にあたり、松江城天守が描かれた城下絵図、城郭修補願図《じょうかくしゅうほねがいず》などを集成し、そこから天守図部分のみを抜き出し作成年代の古い順に並べてみた（**図5—①〜⑫**）。多くは南東側から鳥瞰的に描かれており、並べてみると、「千鳥破風」が描かれるなど現在の天守と異なる外観をもつ天守図は、**図5—①**「出雲国松江城絵図（正保城絵図）」、②「松江城正保年間絵図（正保城絵図控）」、③「出雲国松江城之絵図」、⑤「出雲御本丸」の四枚である。

①は、前述のとおり「正保城絵図」の一枚である（国立公文書館蔵）。②は、松江藩の家老職を勤めた乙部《おとべ》家に伝わり、「正保城絵図」の控図とされる（乙部家蔵）（7）。③は、幕府に提出した城郭修補願図の控図とみられ、図の右下には「延宝二年寅九月朔日　松平出羽守　御判」とある（松江歴史館蔵）（8）。⑤は、十七世紀末から十八世紀初期の作成と考えられ、伝来は不明だが、現在とは異なる天守の姿が描かれている（島根県立古代出雲歴史博物館蔵）（9）。

①出雲国松江城絵図
（正保城絵図）
正保２年（1645）

②松江城正保年間
絵図（正保城絵図控）

③出雲国松江城之
絵図
延宝２年（1674）

④松江城及城下古図
天和３～元禄５年
（1683～1692）

⑤出雲御本丸
元禄５～享保４年頃
（1692～1719頃）

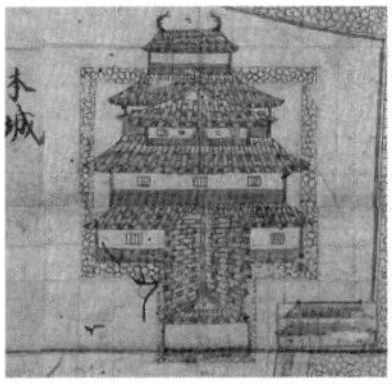

⑥御城内絵図面
享保４～５年
（1719～1720）頃

⑦松江城郭図
元文３年（1738）

⑧松江城下絵図
元文～延享年間
（1736～1748）

⑨出雲国松江城
（諸国城郭修復図）
安永２年（1773）

⑩松江城郭古図
安永７年（1778）

⑪出雲国松江本城図
元治元年（1864）

⑫旧松江城図面
明治42年（1909）

図５　城郭絵図に描かれた松江城天守図

一方、簡略な描き方のものを除けば、元文三年（一七三八）の図5―⑦「松江城郭図」以降の天守図は、外観四層（重）、南面に附櫓を設ける現在の天守の外観に近い（10）。天守図の比較から、「正保城絵図」の一枚である「出雲国松江城絵図」に描かれた天守図は、初期松江城天守の姿を描写したものである可能性が考えられたのである。

今一度、「出雲国松江城絵図（正保城絵図）」に描かれた天守（図3）を見てみよう。天守は層塔型の五層（重）であり、破風の描き方も、現在の松江城天守（図4）は二層屋根に架かる東西の大屋根が入母屋破風なのに対し、「絵図」の天守東面には二層に「比翼《ひよく》の千鳥破風」、三層にやや大きめの「千鳥破風」、四層に「唐破風」が描かれ、天守南面も現天守とは異なる姿となっている。また、外壁の仕上げは、各階共に上部が白《しろ》漆喰《しっくい》、下部が下見板張《したみいたばり》に描かれている（11）。「出雲国松江城絵図（正保城絵図）」に描かれた松江城天守の姿は、屋根の形態や外壁など、後の天守図と比較しても詳細に描かれている。

（3）「正保城絵図」と松江城天守に残る痕跡

幸い、松江城天守は現存天守の一つであるので、「出雲国松江城絵図（正保城絵図）」に描かれた二層目（内部二階）や三層目（内部三階）の「千鳥破風」部分、四層目（内部四階）の「唐破風」部分を、絵図との比較を念頭に天守内部から確認することができた。

天守は慶長十六年（一六一一）の完成から四〇〇年余りを経ており、創建時の古材が全て残っているわけではないが、驚いたことに、古柱が残る天守内部二階東側には、「石落《いしお》とし」を挟んで左右（南・北）の古柱四本に外側から横架材を通した痕跡である「貫跡《ぬきあと》」が確認でき（図6、7）、「出雲国松江城絵図（正保城絵図）」に描かれた二層目の「比翼の千鳥破風」の存在と矛盾しなかった[12]。古柱四本のうち南から二本目は外壁面が「石落とし」となっているため、「貫跡」の背面（東外面）にはほぼ水平と思われる横架材を架けた跡も確認できた（図8−1、2）。内部四階の東・西の古柱にも「貫跡」が確認でき、これもまた「出雲国松江城絵図（正保城絵図）」に描かれた四層目の「唐破風」の存在と矛盾しなかった（図9、10）[13]。

また、昭和二十五～三十年（一九五〇～五五）の天守大修理では、古材のうち多くの腐朽材が新材に取り換えられたものの、修理時の「松江城天守維持修理工事写真」（松

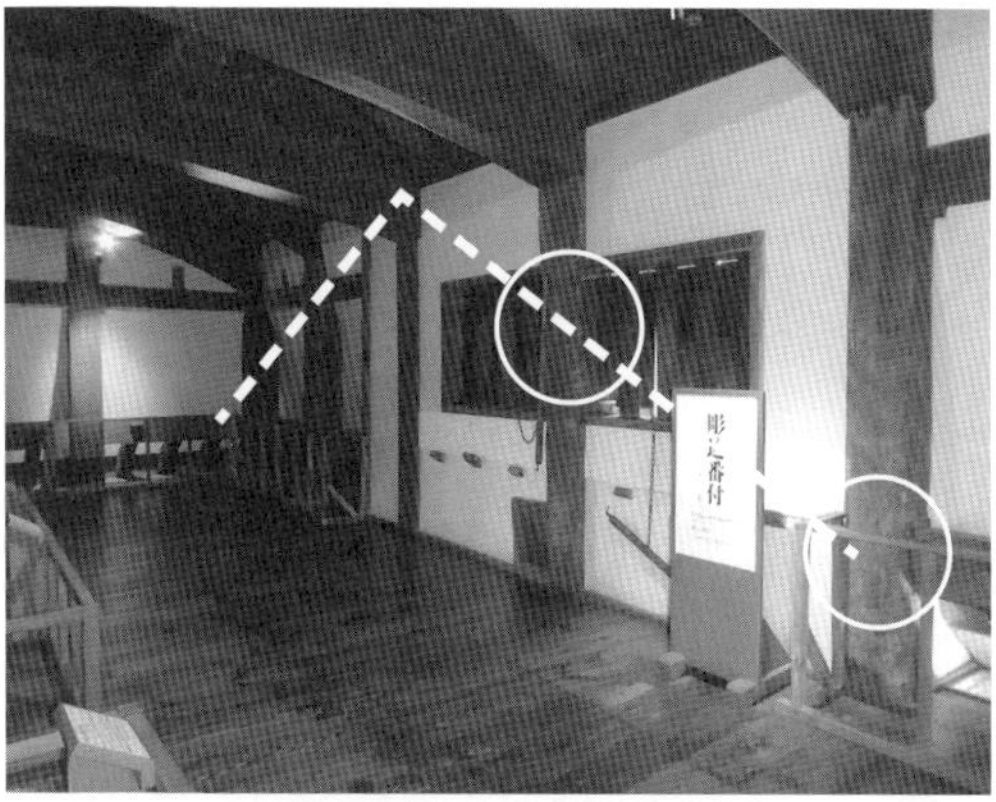

図６　松江城天守内部２階東側（北側）に残る「貫跡」（○印）

図８－１
古柱内面に残る「貫跡」

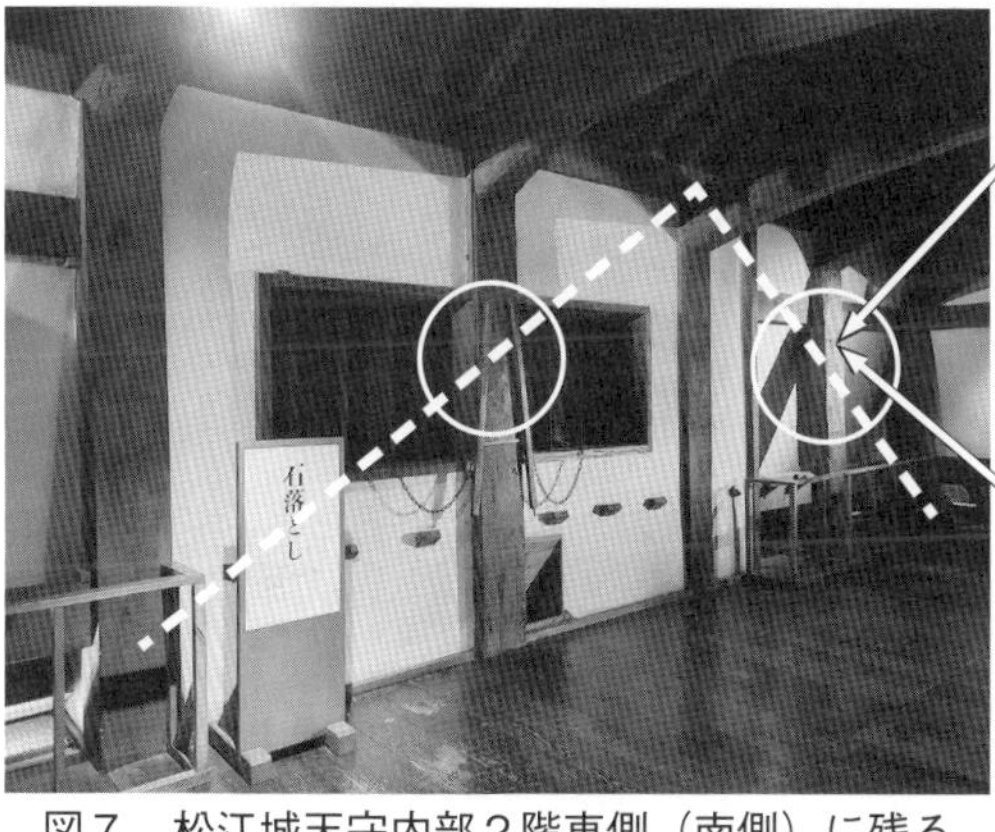

図７　松江城天守内部２階東側（南側）に残る「貫跡」（○印）

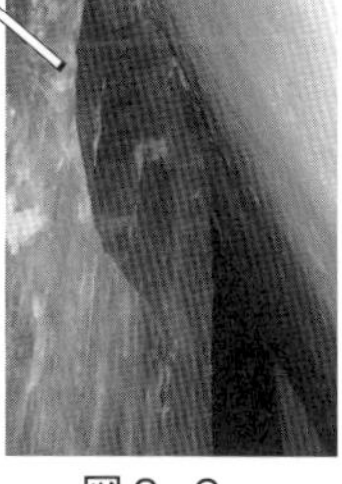

図８－２
古柱外面に残る横架材をかけた痕跡

図９　松江城天守内部４階東側（東側）に残る「貫跡」（○印）

図10　松江城天守内部４階東側（西側）に残る「貫跡」（○印）

江歴史館蔵）の中には解体中の古材外面からの写真もあり、二層東・西外面に「比翼の千鳥破風」の横架材を架けたと思われる痕跡を撮影した写真が複数残されていた（図11など）[14]。

図11　解体中の松江城天守二層東外面（2か所に三角状の縄を張る）

（4）文献史料に見る松江城天守外観の変化

城郭絵図に描かれた天守図の変遷と、松江城天守古柱の「貫跡」の存在から、「出雲国松江城絵図（正保城絵図）」などに描かれた天守の姿を初期松江城天守の姿と想定してみると、これまで知られてきた文献史料も新たな見方ができるようになった。

松江城に関する著名な史料で、十七世紀後半に現在の形になったとされる「竹内右兵衛書つけ」（松江歴史館蔵）（図12）である。文中の記述の一部（御本丸中）に「二重目也西ニ破風有り」とあり、「破風有り」の記述をあえて見せ消し（朱線）で消している（図13）[15]。

これまで、あまり注目されなかった箇所ではあるが、「竹内右兵衛書つけ」に「御本丸中」が記された時には、天守には「破風有り」であった。しかし、

図12 「竹内右兵衛書つけ」（松江市指定文化財）

これを後に抹消するような状況になった、と考えれば、実はこの記述は城郭絵図に描かれた天守図の変遷と矛盾しないこととなる。

　また、昭和の天守大修理の際に発見された墨書[16]から、元文三年（一七三八）から寛保三年（一七四三）頃にかけて、松江城は江戸時代最大の改修が行われたことが分かっている。松江松平家に伝わった「宗衍年譜（元文三年三月十一日条）」（島根県立図書館蔵）には、「是日　月相府ニ告ルニ　雲藩松江城ノ天守　年ヲ遂テ　損スルコトヲ致シ　五ソウ層皆朽ルニ至ル　故ニ漸ニ之ヲ修ムト云ヲ以ス」ともあり、元文三年三月、幕府（月相府）に届け出て天守の修復を行ったことが分かる。現在の松江城の外観となる改築（二層目千鳥破風・四層目唐破風の撤去、東西の大破風への改修など）は、この

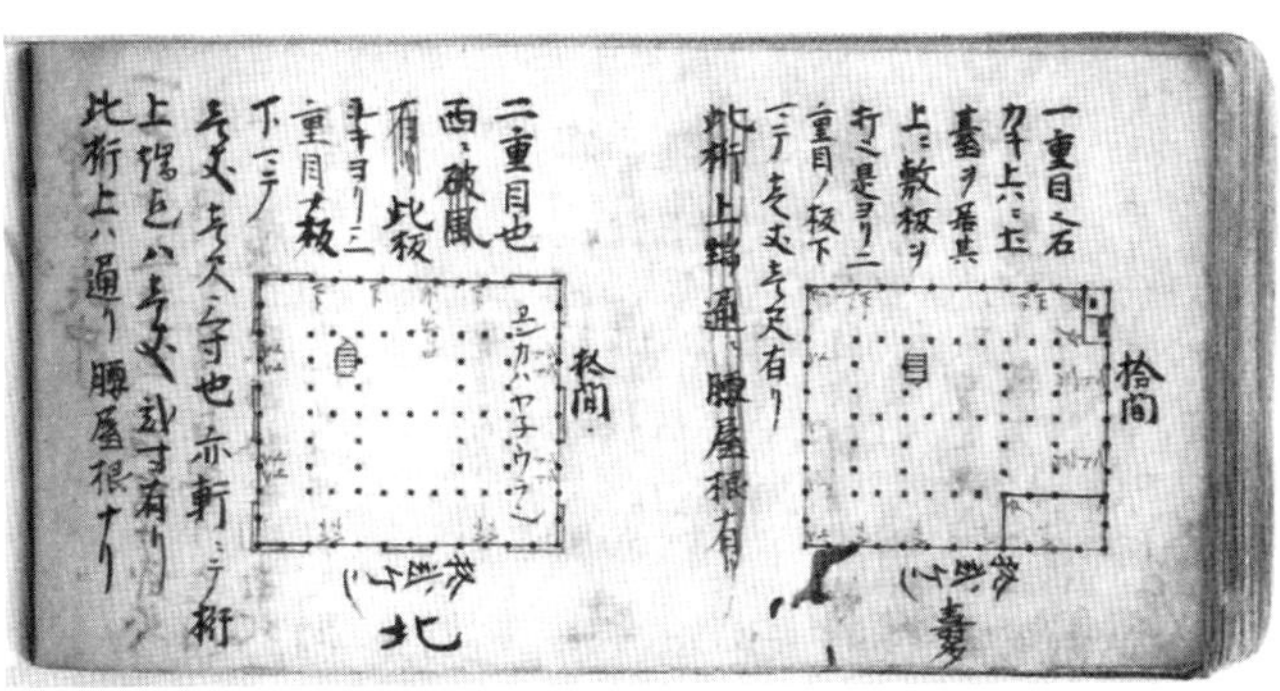

図13　「竹内右兵衛書つけ」
（二重目の記述、「破風有り」を朱線で見せ消しにしている）

元文三年から寛保三年頃の大改修に伴って行われた可能性が高いと考えられるようになった（17）。

以上のような、絵図、天守に残された痕跡、文献史料からの検討をとおし、初期松江城天守の復元図案が提示されるなど、建築学からの研究も進んでいる**（図14）**（18）。

図14　松江城天守東面復原案（金澤雄記・安髙尚毅作図2018）

三、「正保城絵図」と控図

「正保城絵図」である「出雲国松江城絵図」（国立公文書館蔵）（図1、口絵2）には、「正保城絵図」の控《ひかえ》図とされる「松江城正保年間絵図」（乙部家蔵）（図15）[19]が伝わっており、両図には次のような違いが確認できる。（比較のため、「出雲国松江城絵図（正保城絵図）」は「公文書館図」、「松江城正保年間絵図」は「乙部家図」と略記する）。

・母衣《ほろ》町北端の三角地の南側を見ると、「乙部家図」には、東側に「堀」が入り込んでいるが、「公文書館図」には描かれていない。（「松江城及城下古図」など十七世紀末以降の城下絵図では「堀」が東西に貫通し、その途中である「乙部家図」は新しい情報で描かれている）（図16）

・末次町東側を見ると、「公文書館図」には「侍町」の西に「堀」が描かれている。一方、「乙部家図」では「堀」は埋まり、「町家」になっている。（「乙部家図」の埋められた堀を詳しく見ると、書き直された痕跡が残る。後の城下絵図でも「堀」は埋まっており、「乙部家図」は新しい情報で描かれている）（図17）

・外中原の宍道湖沿いをみると、道に沿う細長い区画には「町家」があるが、「公文

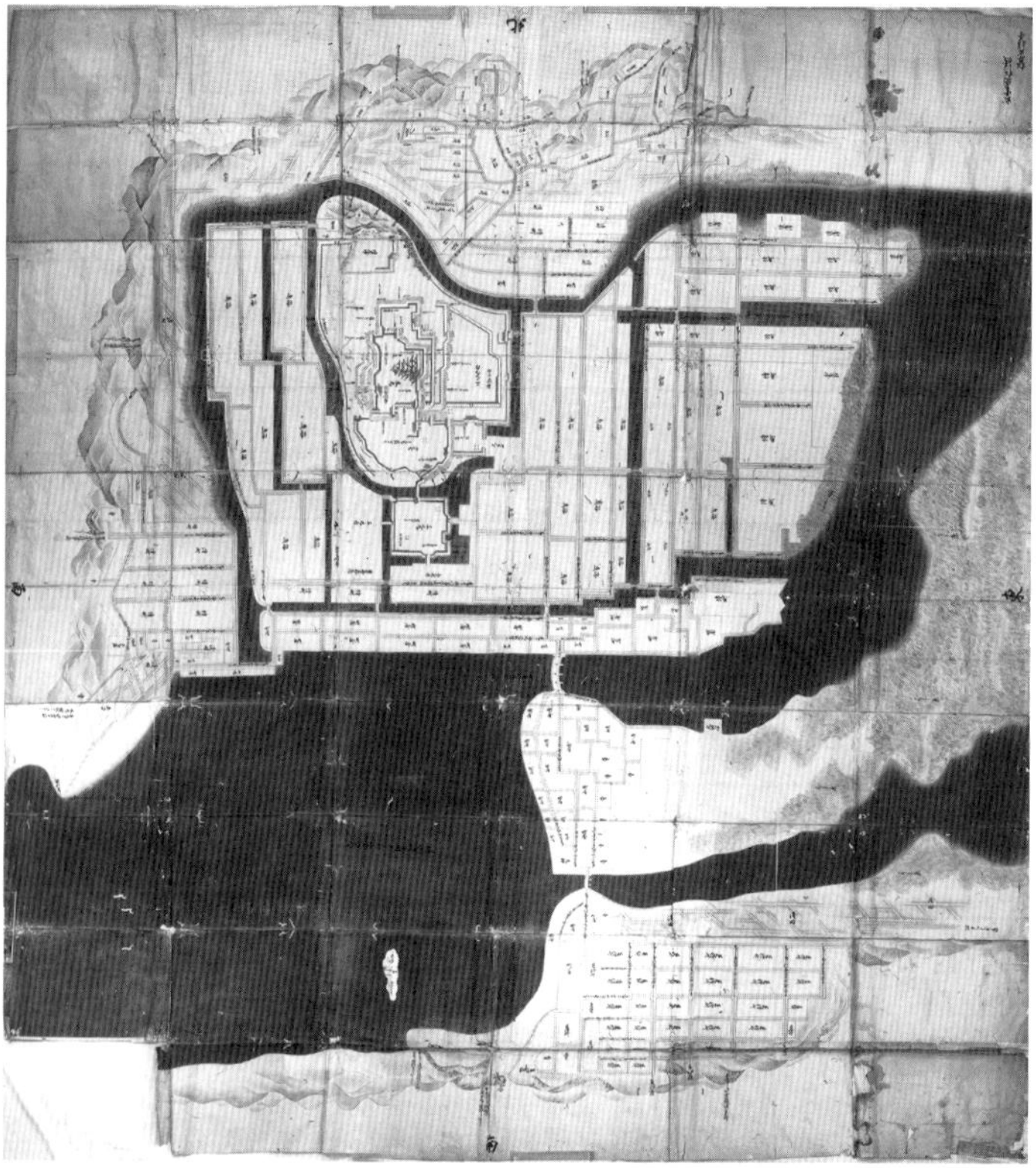

図15「松江城正保年間絵図」
(乙部家蔵、288.0センチ×326.5センチ)

書館図」では区画が二分され、その間が湖面となっており、「乙部家図」は、街区は一続きである。（後の城下絵図では街区は一続きで、「乙部家図」は新しい情報で描かれている）（図18）

・記載されている注記（小書）をよく見ると、「公文書館図」に記されている注記が、「乙部家図」では記されていない箇所がいくつかある（図19の○印など）。

・「公文書館図」では、城郭に至る本道は太く脇道は細く朱線が引かれるが、「乙部家図」では太・細の区別はあまり見受けられない（図20）。

・橋梁を見ると、総体的に「公文書館図」の方が「乙部家図」より丁寧に描かれている。

・「公文書館図」には本丸に設けられている「一ノ門」正面（「二ノ門」横）にも「門」が描かれているが、「乙部家図」にはない。（「公文書館図」に描かれた「一ノ門」正面の「門」は実際には考えにくく、「乙部家図」が実態に合わせて描かれている）（図21）

全体的に見て、「公文書館図」の方が「乙部家図」より丁寧に描かれており、記載されている字句も多い。「公文書館図」が幕府に提出するために調製され、清書された図面であるからと考えられよう。一方、「乙部家図」は新しい情報、実態に合わせた情報で描かれており、二枚の図の違いは作成年代の違いを反映したものと思われる(20)。

以上のように、幕府提出用に調製された「正保城絵図」と、控図、あるいは写図とされるものには何らかの理由で差異が認められる場合があり、絵図ごとにその描写内容や作成の背景についての検討が求められる。「正保城絵図」である「出雲国松江城絵図」(国立公文書館蔵)とともに、控図とされる「松江城正保年間絵図」(乙部家蔵)が伝存していることは、松江城研究を進めるうえで幸運である。

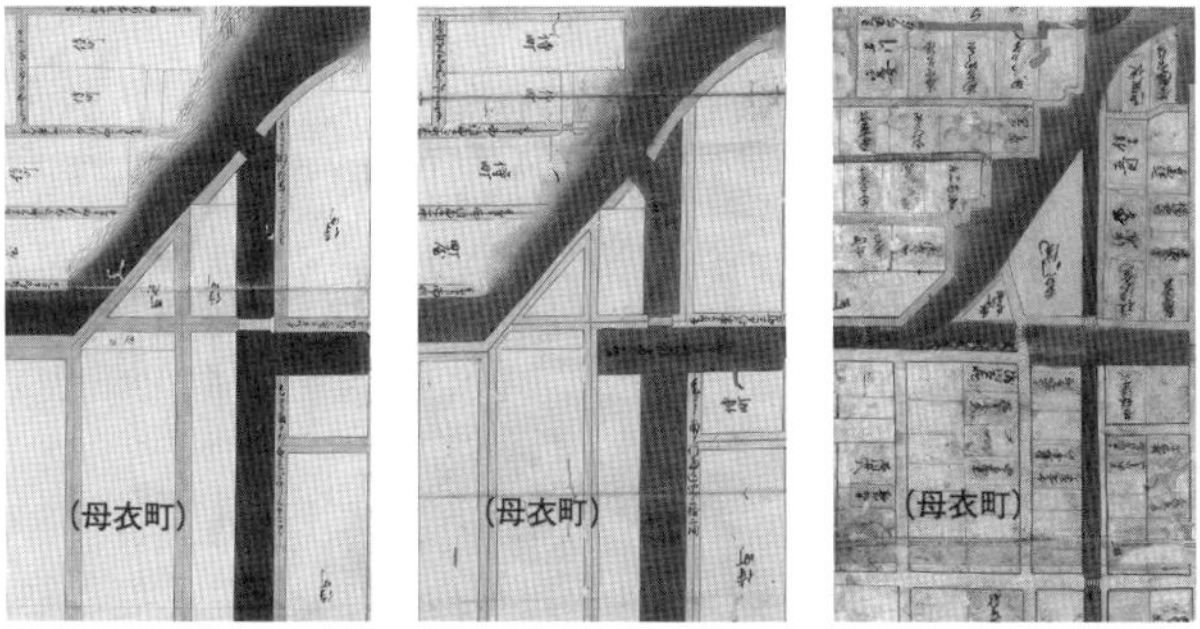

図16　母衣町北側の堀（左「公文書館図」、中「乙部家図」、右「松江城及城下古図」〔天和３～元禄５年・1683～1692〕）

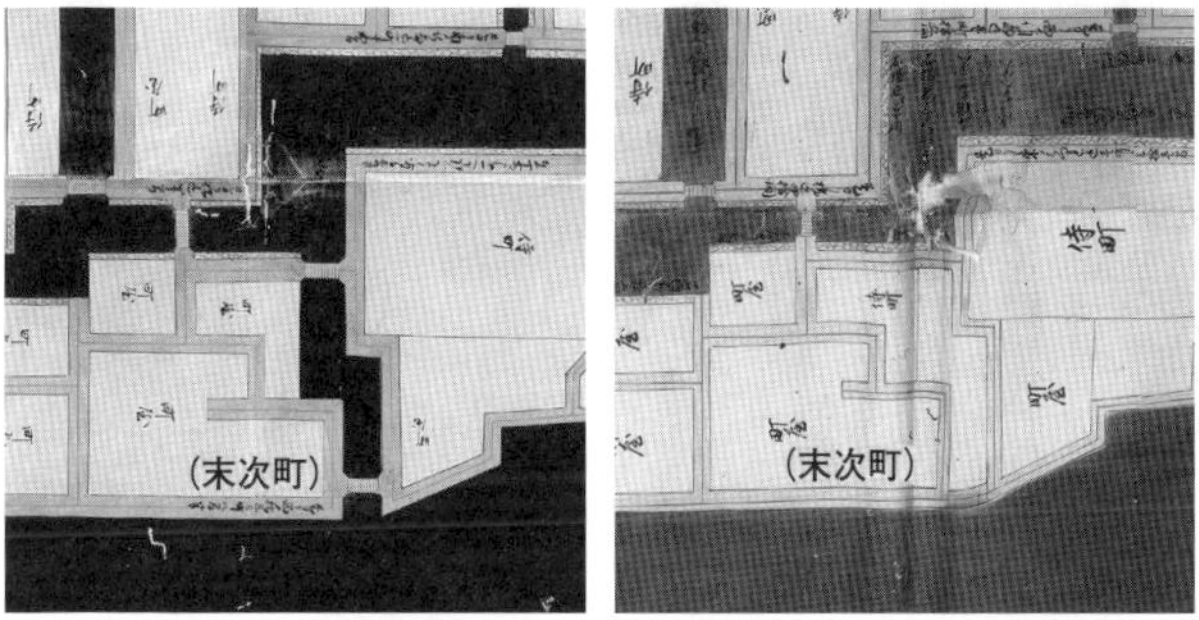

図17　末次町東側の堀（左「公文書館図」、右「乙部家図」）

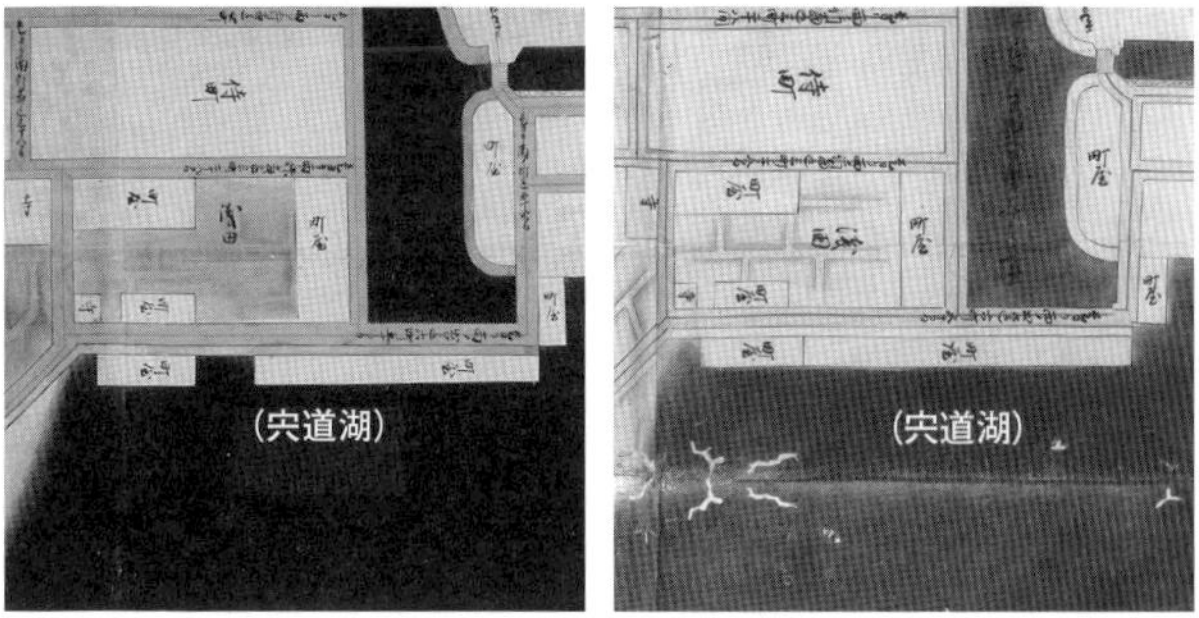

図18　宍道湖沿いの町屋（左「公文書館図」、右「乙部家図」）

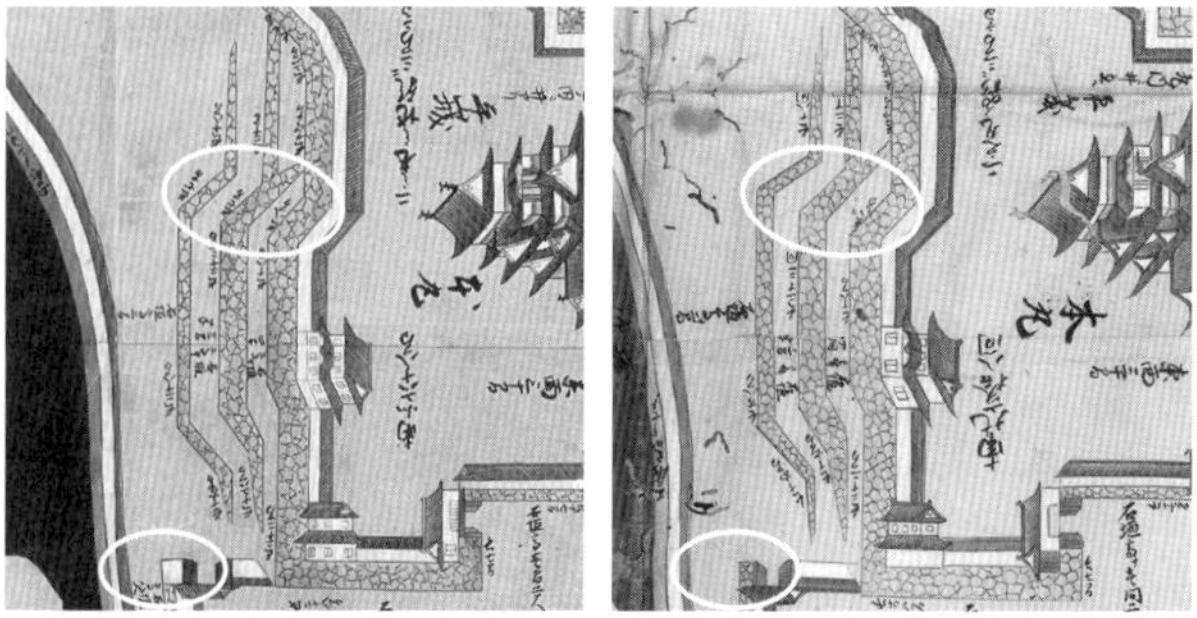

図19　城郭内の小書（左「公文書館図」、右「乙部家図」）

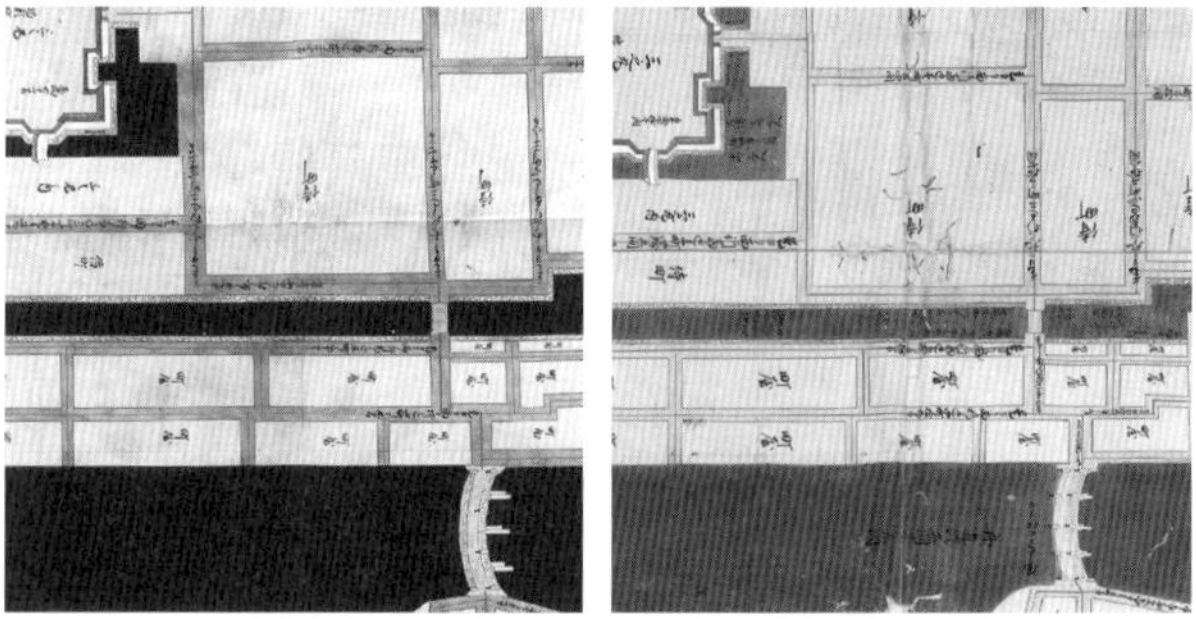

図20　城郭に至る本道・脇道の朱線
（左「公文書館図」、右「乙部家図」）

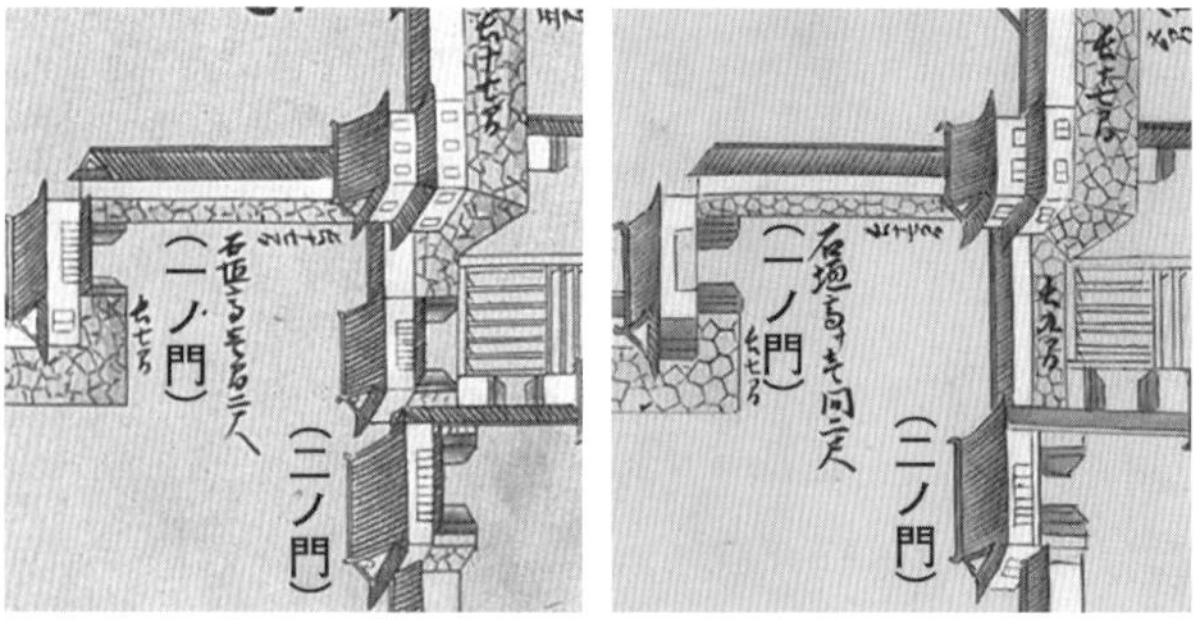

図21　「一ノ門」正面の門（左「公文書館図」、右「乙部家図」）

四．多様な城絵図、城下絵図

全国の城郭とその城下を統一的な様式で描いた幕府収納の城絵図は、「正保城絵図」のみだが、諸国では多様な城絵図、城下絵図が作成された。ここでは、松江藩から幕府に提出した城郭修補願図、大名家などに伝わった諸国の城絵図をとりあげる。

（1）幕府に提出した城郭修補願図

元和元年（一六一五）七月の「武家諸法《ぶけしょはっ》度《と》」により、居城修補に際しては必ず言上し、新規に城を営むことは堅く禁じられた。寛永十二年（一六三五）の「武家諸法度」でも、「居城隍《ほり》、塁、石壁以下敗壊之時、

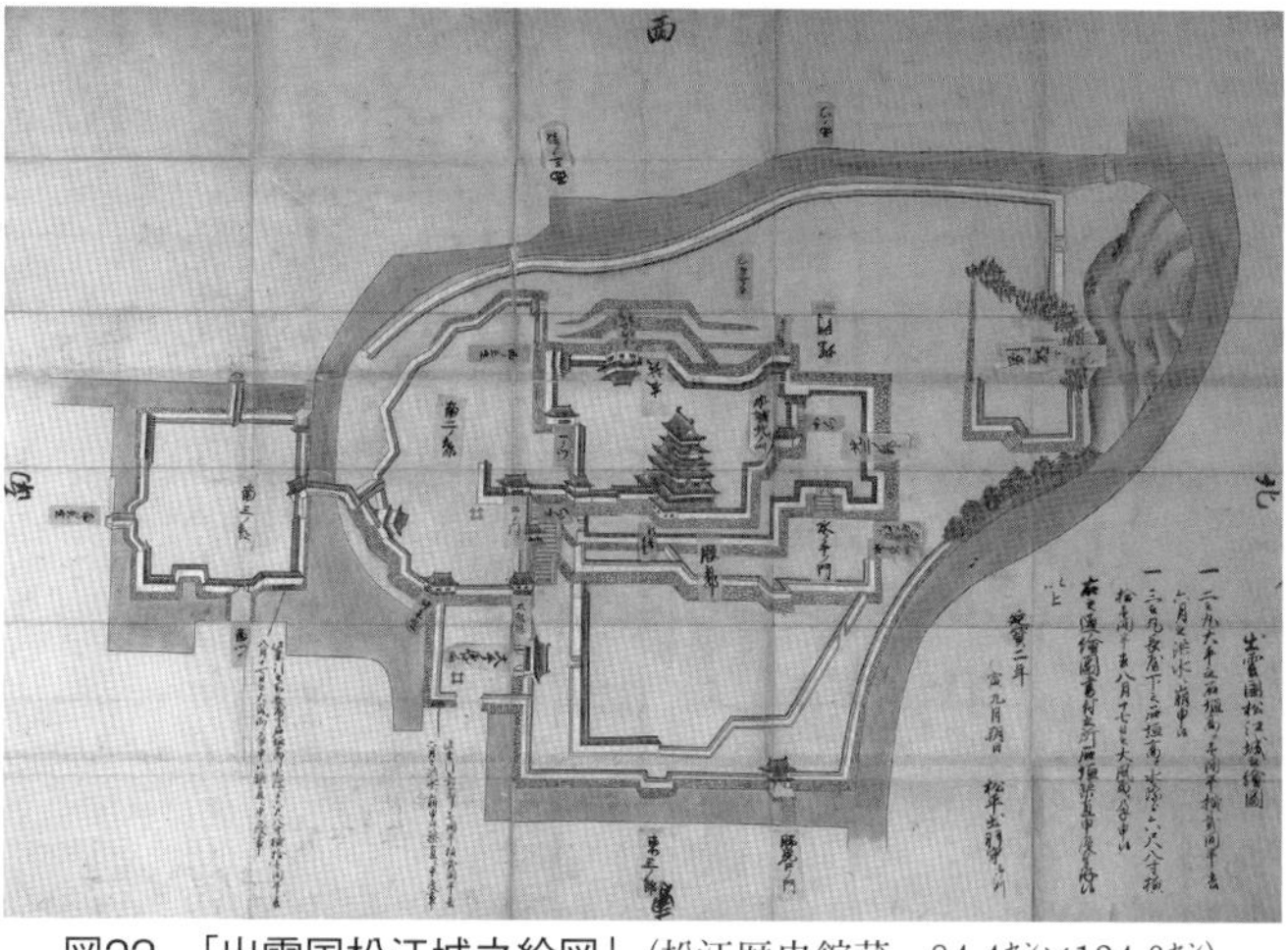

図22　「出雲国松江城之絵図」（松江歴史館蔵、84.4センチ×124.0センチ）

達二奉行所一」とされ、堀、土塁、石垣が崩落した場合は奉行所＝老中に伝え、その意向を受けることが命じられている。城郭修補願に絵図の添付が確認できる初見は元和九年（一六二三）で、絵図が必要書類とされ申請の形式が整うのは寛永五年（一六二八）頃からである(21)。

「出雲国松江城之絵図」（松江歴史館蔵）（図18）は、延宝二年（一六七四）九月に松江藩から幕府に提出した城郭（石垣）修補願図の控図とみられる。本丸・二之丸・三之丸を描き、石垣の破損箇所に実線を引き、その下部に破損の状態を記している。絵図隅には、洪水や大風で石垣が崩落、孕《はら》んだことによる修補願を藩主名で記している(22)。

この図での城郭部の描き方は、「出雲国松江城絵図（正保城絵図）」（国立公文書館蔵）（図1）に類似しており、藩側の「正保城絵図」（控図）を写し、城郭修補願絵図として使用していることが伺える。

（2）大名家などに伝わった諸国城絵図

城郭を中心とした諸国の城絵図には、諸大名家や軍学者らにより、兵法《へいほう》伝授などのために作成、編纂されたものがある。

松江城と城下を描いたものして、大名家に伝来した「雲州松江（乗命）」（国立公文書館蔵〔岩村藩伝来〕）などがある[23]。また、旧松江藩士家に伝来した「極秘諸国城図」（松江歴史館蔵）[24]は、各地の城郭や城下を描く全七四枚の絵図群で、作成や転写などの経緯は明らかではないが、作図の基となった絵図に、「正保城絵図」が含まれていることが描写の特徴から認められる。

江戸時代の諸国城絵図収集は、単に兵法伝授のためだけではなく、広く他国の城と城下、城の歴史に関心が向けられていたことを物語っている。作成や筆写の過程で色調や縮尺に違いが生じ、また、

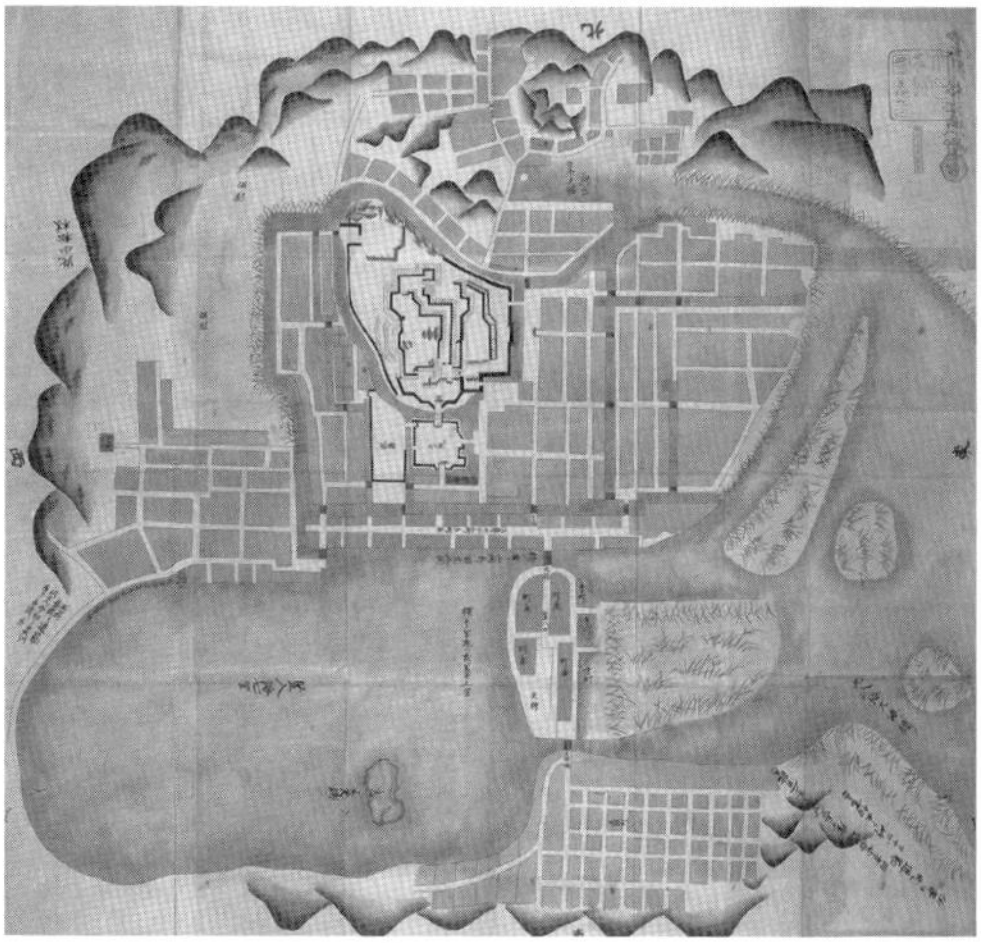

図23　「雲州松江（乗命）」
（国立公文書館蔵〔岩村藩伝来〕、95.0センチ×100.0センチ）

新たな情報の加筆や誤写の例もあっただろう。様々な経緯を経て作成された城絵図は、全国に散在し現存している。

五．おわりに

正保元年（一六四四）に将軍徳川家光の命で始まった正保国絵図事業では、初めて城絵図の提出が求められ、江戸城内の紅葉山文庫に収納された。このいわゆる「正保城絵図」は、諸国諸城の軍事的機能の特性を幕府が完全掌握する目的に徴集された軍用図であり、城下町形成の初期段階の様子を知り得る貴重な史料でもある。

国立公文書館（内閣文庫）に所蔵される「出雲国松江城絵図」は、「正保城絵図」の一枚であるが、城郭内に描かれた天守図は、現在の松江城天守とは外観が異なることから、「実態とは異なるもの」と捉えられていた。しかし、初期松江城天守についての検討が進む中で、改めて「出雲国松江城絵図（正保城絵図）」に描かれた天守図は、「実態に近いもの」と考えられるようになってきた。

描写時の絵画技法や絵図ごとの作成事情もあるので、絵図に描かれた全てを正しいものと断定することは難しいが、「正保城絵図」は十七世紀半ばの城の様子を示したものであり、その後の改変、改修を考慮する必要がある。現在の状況や後の資料とは異なるなどの理由から、簡単に「正保城絵図」がまちがっていると解釈してしまうのは慎むべきだろう。また、「正保城絵図」の控図などには、提出図（献上図）との差異が認められる場合があり、絵図ごとに詳細な検討が必要である。

一方、「正保城絵図」のほかにも、幕府に提出された城郭修補願図、諸大名家や軍学者により兵法伝授などのために作成、編纂されたもの、またその控図や写図など、諸国では多様な城絵図、城下絵図が作成され、現存している。

江戸幕府の国絵図事業によって収納された国絵図や「正保城絵図」は、数多く現存する近世、近代の絵図類の中でも正当性や信憑性が高く、作成時の歴史的な背景を反映している。多様に存在する絵図を無批判に利用することはかえって混乱を招く場合もあろうが、城郭研究を進めるうえでも幕府収納絵図の適切な利用は重要である。

注

第一章

(1) 正保元年十二月二日、将軍家光から大目付井上筑後守政重、宮城越前守和甫に面命があった。(「大猷院殿御実記」巻五十九〈国立公文書館・内閣文庫〉)。これを受けて両名は諸国大名の江戸留守居役らを数回に分けて評定所に招集し、国絵図、城絵図等の調進の幕命を伝え国ごとに調進担当者を任命したようである。近藤重蔵(正斎)の「好書故事 巻第二十八」(『近藤正斎全集』第三巻、国史刊行会)には、「大猷公治世略記ニ正保元年十二月廿五日、日本国郡之図、同諸城之絵図可二調進一旨、有二上位一。経二年数一出来。又諸国海陸之道筋及古城等之書付并東海道諸城之木形依レ仰連年献レ之」とあり、佐賀藩、萩藩など藩側の記録も残されている。内容に軍事色を帯び、城絵図、道帳も徴集した正保国絵図事業の背景に、島原の乱の影響は見落とせず、自ら戦地に出向いた井上政重は、島原の乱直後の寛永十五年(一六三八)にも中国筋などの国絵図を徴集し、軍事的観点に基づく日本総図を作成している。なお、道帳を近藤重蔵は「諸国海陸之道筋及古城等之書付」(「好書故事」)と表記しており、古城(「一国一城令」により破却された城など)について記述するものもある。(川村博忠一九八四『江戸幕府撰国絵図の研究』古今書院、同一九九〇『国絵図』吉川弘文館、同二〇一〇『江戸幕府の日本地図—国絵図・城絵図・日本図』吉川弘文館、同二〇一三『江戸幕府撰日本総図の研

究』古今書院など）

（2）幕府が示した内容は、「好書故事」や仙台藩、佐賀藩等の記録で知られ、諸藩側では具体的な描写方法の詳細をいくども幕府担当者に問い合わせている。作成基準に基づき諸国の国絵図は国元で下絵図が仕立てられた後、幕府側の内見を受けて、問題個所があれば修正され、江戸において幕府が推薦した絵師たちによって清書図に仕立てられた。佐賀藩の「多久家有之候御書類之写）十五）」によれば、幕府が藩側に示した絵図作成基準は条目二十三か条のうち第一条が八か条の細目をともなう「城之絵図之事」で、城絵図の収納が重要視されていたことが分かる。幕府の説明に基づき佐賀藩側が各条項に付したと考えられる補足説明も付されている。（川村博忠一九七三「正保肥前国絵図の作成経緯について」佐世保工業高等専門学校研究報告第一〇号、同一九八四『江戸幕府撰国絵図の研究』古今書院）

覚

一、城之絵図之事　　肥前一国之絵図之外ニ城之絵図ヲ一通り候て可被差上由之事

一、本・二・三丸、間数之事

右、本・二・三丸之間目、石垣、土手之間目、同高サ、塀之高さ間目、やくら等迄不残絵図ニ書付可申由之事

付、かハら塀、板塀之分ケ書付可申由之事

一、堀のふかさひろさの事

右、小城之廻之堀、そこそこにてふかさひろさヲ、こまかに書付可申由之事

一、天守之事
　天守ヲ絵ニ書、いくかいと有之儀、并石垣之高さ有所迄、無相違様ニ絵図可仕由候事
一、惣曲輪、堀之ひろさふかさ之事
　惣構之堀そこそこにて、ひろさふかさ書付可申由候事
一、城より地形高所有之は、高所と城との間、間数書付可申事
　但、惣構より外ニ高所有之共、書付候事　右は如書面にて御座候事
一、侍町小路割并間数之事
　侍町、小路割ヲ仕、小路々々の長さの間目書付可申由候事
一、町屋、右同断之事
　通町、脇町迄絵図ニ書付、壱町々々之しるしを可仕由候事
一、山城、平城書様之事
　平城にて候へハ、書様と有之儀無御座候事
（後略）
　正保元年　申十二月廿二日

（3）矢守一彦一九七四「城絵図と城下絵図」『都市図の歴史―日本編―』講談社、ほか。正保城絵図の城下絵図史上における意義や特徴は、諸誌により繰り返し述べられている。

（4）湯浅耕三一九八七「流失した旧紅葉山文庫蔵会津・仙台・高田の正保城絵図についての一考察」『日本建築学会計画系論文報告書三七七巻』日本建築学会

（5）平成二十七年（二〇一五）に開催された松江城関連の会で、「出雲国松江城絵図（正保城絵図）」の天守図について、「これは本当に松江城か、こうありたいと思った姿か」という質問があった。筆者（稲田）は事務局員として参加していたので、地元研究者の見解を念頭に、「松江城郭絵図の中にはデフォルメされたものもある」と返答したが、城郭史研究者の中井均氏からは、「正保城絵図は正保年間に幕府に提出するために描かれた城絵図なので実態とは異なるものは書けないはず」との指摘があった。

（6）和田嘉宥・稲田信二〇一七「初期松江城天守の形態に関する試論 ―絵図、文献史料、天守に残された痕跡を通して―」『松江市歴史叢書10』松江市

（7）和田嘉宥・稲田信二〇一七「『正保城絵図』と『出雲国松江城絵図』に関する考察」『松江市歴史叢書10』松江市

（8）松江市史編集委員会二〇一八「松江城」別編1『松江市史』松江市（以下、『松江市史』「松江城」）

（9）和田嘉宥二〇一九「松江城郭絵図『出雲御本丸』について」『松江市歴史叢書12』松江市

（10）（8）に同じ。④は松江藩の家老職を勤めた三谷家に伝わり、藩用図の一種とみられる（三谷健司氏蔵）。⑥は図面の上左端に「旧城内分廻り　惣間数大九七百八拾間　此町数　拾三丁四間　明治五申九月兵部省江差出ニ付扣置」と記す貼紙があるが、「天守鍵預」の建物に「松田七左衛門居所」と記されていることから、「列士録」（島根県立図書館蔵）により、松田七左衛門が天守鍵預を勤めていた享保四～五年（一七一九～二〇）頃、あるいは四代目松田七左

衛門が天守鍵預を勤めていた天明二～七年（一七八二～八七）頃に作成されたものとみなすことができる（国文学研究資料館蔵）。⑦は石垣修補願図の控図と考えられ、図の左下に「出雲国松江之城石垣元文二丁巳年十二月二日破損所之伺（中略）元文三戊午年七月　松平幸千代印」とある。天守は附櫓を備える五重であるが、二重目屋根の南と東に大破風が乗り、四重目の南と東に火燈窓があり、現在の天守の姿に近い（松江歴史館蔵）。⑧は松江城下絵図で、武家地には各屋敷割に家臣名が記されている（島根県立図書館蔵）。⑨は城郭（石垣）修補願図の控図と考えられ、図の左下に「出雲国松江之城石垣破損之覚（中略）安永二癸巳七月　松平出羽守　判」とある（東京大学史料編纂所蔵）。⑩は石垣修補願図の控図と考えられ、図の左下に「出雲国松江之城石垣破損之覚（中略）安永七戊戌八月　松平出羽守　判」とある（松江歴史館蔵）。⑪は石垣修補願図の控図と考えられ、左下に「出雲国松江本城外廻北西之方当古甚不締ニ付河岸江高サ壱丈之木柵朱書之通新規取建申度奉願候以上　元治元甲子年六月　松平出羽守（花押）」とある（国立公文書館蔵）。⑫は明治八年（一八七五）に天守を除き城内の建物が取り壊される以前の様子を、元松江藩の大工・安立房次郎が描き、明治四十二年（一九〇九）に旧藩主松平家に献上したもの（松江歴史館蔵、和田嘉宥・岡崎雄二郎・稲田信二〇一八「明治8年以前の城郭施設を描いた『旧松江城図面』と類似の絵画資料」『松江市歴史叢書11』松江市）。

（11）現在の松江城天守一層、二層の外壁仕上げは下見板張だが、図5に見られるように、近世の絵図に描かれた松江城天守の一層、二層の外壁仕上げは上部が白漆喰、下部が下見板張である。

現在の松江城天守の姿を印象付ける一層、二層の下見板張は、近代になってから改変された可能性が考えられる。天守一層、二層が写る最古の写真（推定明治二十五年八月頃〜明治二十七年六月十日の間の撮影、松江市蔵）では下見板張仕上げとなっている。

(12) 天守二層の「千鳥破風」の存在については、昭和二十五〜三十年（一九五〇〜五五）にかけて行われた昭和大修理時にも指摘されており、『重要文化財松江城天守修理工事報告書（第三章四節）』（重要文化財松江城天守修理事務所一九五五）に、「天守東側（北寄、南寄）および西側（南寄り）二階柱（番付ち―20、た―20）及び（ち―2）にかかる出梁鼻木は他の出梁鼻と異なり前方へ長く鼻延びとなっている。この出梁下の柱面を棟木として左右各二本の柱に屋根形に当る位置に差し桁と思われる木口彫りの仕口の痕跡が存していた。（西側、北寄柱は明治の修理に取替えられて痕跡なし）これ等柱の仕口彫りの三点を結ぶと千鳥棟の形式をなし、当初は千鳥破風が初重屋根についていたものの如くで、仕口は一度使用した形跡が明らかで、釘穴も存していた。また前記出梁鼻と千鳥の棟との関連性があるようでもあった。元文の古絵図には千鳥破風があり、念のため現在の実測図にこれを当てはめてみたが、千鳥棟としては取合が悪いが、若しこの所に千鳥があったとすればそれは軒千鳥破風であったであろうが、資料が乏しく結論を得るに至らなかった。」と記している。昭和二十六年（一九五二）十月二十日付島根新聞は、「二層に〝千鳥破風〟の跡　延宝以前の原型に設計変更か」の見出しで、天守二層の東西に二つの千鳥破風が取り付けてあった跡が発見されたと報道している。しかし、その後初期松江城天守の形態に関する研究が進むことはなく、現在の松江城天守は創建時の姿を伝えるものという説明が続いていた。

（13）残された記録を見る限り、昭和大修理時にも内部四階の東西の古柱にある「貫跡」について注目されることはなかった。しかし、『重要文化財松江城天守修理工事報告書（第三章四節）』に、「三階東及び西側の側面中央部は二重屋根入母屋の妻部となっており、この妻部の内側一尺六寸の位置に東西面共松八寸、八寸の古い東踏梁と想われるものと、その梁の上にはさらに松七寸、八寸の材を重ね、根太受けとなっていた。前記の東踏梁？には一間毎に束穴が彫ってあり、現在は単なる根太受けの役をしているのみであったが、当初の妻立位置は現在の如く破風ではなく一支、一尺六寸内側の前記東踏梁の位置に建っていたものではなかったか？他の南北張出建の入母屋の破風は、妻立位置より二尺五寸外部にあり形式が違っている（もっとも南北張出建以外は各屋根共破風は妻建際）前記の東踏梁の束穴は一度使用した痕跡があり、またかかる大材を何等意味もない不必要な位置に架設してあったことは疑問があったが、他にこれ等を裏付けする資料は発見されなかった。」と記している。現天守には二層屋根に東西の大破風が架かるが、現在より一尺六寸（約48㎝）内側に東踏梁と使用した痕跡のある束穴があることから、当初の妻立位置はこの東踏梁の位置だったのではとする。妻立位置の変更については、「破風を大きく恰好よく」見せるためという説明もあるが（西和夫二〇一四「松江城再発見」『松江市ふるさと文庫16』）、「出雲国松江城絵図（正保城絵図）」に描かれた三層目の「千鳥破風」と四層目の「唐破風」を撤去し、現在の「東西の大破風」を設ける改修工事による痕跡とも理解することができる。

松江城天守内に残る「貫跡」については、壁面側の古柱の多くが後の改修で取り換えられおり全てを確認することはできないが、天守壁面側の古柱を内部から確認したところ、内部二階の東側の古柱、内部四階の東西の古柱以外には、内部二階南側の古材二本に各一か所認められるのみだった。内部二階の東側の古柱、内部四階の東西の古柱に残る「貫跡」は、「出雲国松江城絵図（正保城絵図）」に描かれた二層目の「千鳥破風」、四層目の「唐破風」の存在とあまりにも矛盾せず、偶然とは考えにくい。

（14）昭和大修理時の「松江城天守維持修理工事写真」（松江歴史館蔵）を見ると、二階東側外部の柱四本に横架材を差込んだ痕跡が確認でき、この痕跡に合わせて南北二か所に千鳥破風を思わせる三角状の縄が張られている。

（15）和田嘉宥二〇一二「《資料翻刻・解題》『（竹内右兵衛書つけ）』」『松江城研究1』松江市教育委員会、『松江市史』「松江城」。「竹内右兵衛書つけ」の「御本丸中」には「天守之土台」「一重目」～「五重目」の説明と各層の平面実測図が墨書で記され朱書で追記されている。「二重目也西ニ破風有り」とあることは、史料成立時には二重目にある破風は西側のみで、「出雲国松江城絵図（正保城絵図）」に描かれた東側の破風は既に失われていたのかもしれない。他にも天守の破風に関して、「三重目也　西ニ破風在り」、「四重目也　南北ニ破風有り」とあり、「出雲国松江城絵図（正保城絵図）」に描かれた三層目の「千鳥破風」、四層目の「千鳥破風」の存在とも矛盾しない。五層（重）目の入母屋破風については記述されておらず、ここに記された「破風」とは「千鳥破風」のことであろうか。

(16) 重要文化財松江城天守修理事務所一九五五『重要文化財松江城天守修理事工事報告書』松江市、松江市史料編纂課松江城調査研究室二〇一九「松江城天守古材調査記録」松江市

(17) 和田嘉宥・稲田信二〇一七「初期松江城天守の形態に関する試論 ―絵図、文献史料、天守に残された痕跡を通して―」『松江市歴史叢書10』松江市、和田嘉宥二〇二〇「松江城天守再考―天守は『さらに荘重』だったのか―」『松江城ブックレット2』松江市、和田嘉宥二〇二〇「初期松江城天守の外観変化について―修理経過を通して見る松江城天守の変容―」『論集松江城Ⅰ』松江市

(18) 安高尚毅・金澤雄記・和田嘉宥二〇一七「初期松江城天守の形態に関する復原的考察」『二〇一六年度日本建築学会中国支部研究報告集 第四〇巻』日本建築学会中国支部、『松江市史』「松江城」第三章二節（天守東面復原案）、和田嘉宥二〇二〇「初期松江城天守の外観変化について―修理経過を通して見る松江城天守の変容―」『論集松江城Ⅰ』松江市、金澤雄記二〇二三「初期松江城天守の位置付け」『論集松江城Ⅰ』松江市

(19) 注7に同じ。

(20) 正保の国絵図、日本総図は、江戸城内の御文庫（紅葉山文庫）への収納間もない明暦三年（一六五七）の江戸城大火で焼失し、幕府は寛文五年（一六六五）に諸国の絵図元に対し国絵図控を写させ再提出を命じた（川村博忠二〇一〇『江戸幕府の日本地図―国絵図・城絵図・日本図―』、同二〇一三「明暦大火被災による正保国絵図再提出の時期について」『歴史地理学55―1』）。紅葉山文庫に納められた「正保城絵図」が明暦大火により再提出を求められた記録

はなく、焼失した可能性は低いが（川村博忠氏よりご教示）、明暦三年大火による国絵図再提出の動きが、「公文書館図」と「乙部家図」の作成年代の違いに反映しているのかもしれない。

（21）藤井譲治一九九〇「大名城郭普請許可制について」『人文学報vol.66,81-100』京都大学人文科学研究所

（22）（8）に同じ。松江城の城郭修補願図は他にも、「松江城郭図」（元文三年）、「出雲国松江城（諸国城郭修復図）」（安永二年）、「松江城郭古図」（安永七年）、「出雲国松江本城図」（元治元年）が現存する。

（23）（8）に同じ。「松江城正保年間絵図」（乙部家図）（図15）では、母衣町北端の三角地の南部「堀」が入り込んでいるが（図16）、「雲州松江（乗命）」（図23）、「諸国当城之図松江」でも同様に描かれており、大名家などに伝わった諸国城絵図の作成過程を考えるうえでも興味深い。

（24）松江歴史館編二〇一八『松江歴史館蔵　極秘諸国城図　図版集』松江歴史館。収納袋から元禄五年（一六九二）以前の作成と推定されている。

コラム1

松江城・水の手門の不思議

一．「正保城絵図《しょうほうしろえず》」に描かれた不思議な「水《みず》の手門《てもん》」

「水の手門」は、松江城本丸に至る御門の一つで、「馬洗池《うまあらいいけ》」と呼ばれる池（水の手）の横に設けられた。建物部分や周囲の塀などは天守以外の城郭施設として明治八年（一八七五）頃に取り払われたと思われ、現在は石垣のみが残る。城郭施設として、本丸へは大手側からが最も重要な登城道であったが、北惣門《きたそうもん》橋→北惣門→ギリギリ門（馬洗池横）を通り、水の手門から本丸へ通じる道も重要な登城道であった。現在の水の手門跡を通る道は、馬洗池横から石階段を上り、右手（北向）に折れて水の手門跡を通り、さらに左手（西向）に折れて、腰曲輪を通り本丸に入る。

しかし、いわゆる「正保城絵図」の一枚である「出雲国松江城絵図《いずものくにまつえじょうえず》」（国立公文書館蔵）に描かれている「水の手門」は、何故か現在とは形状が異なっている。

「出雲国松江城絵図（正保城絵図）」は、正保二年（一六四五）頃に松平直政《まつだいらなおまさ》から

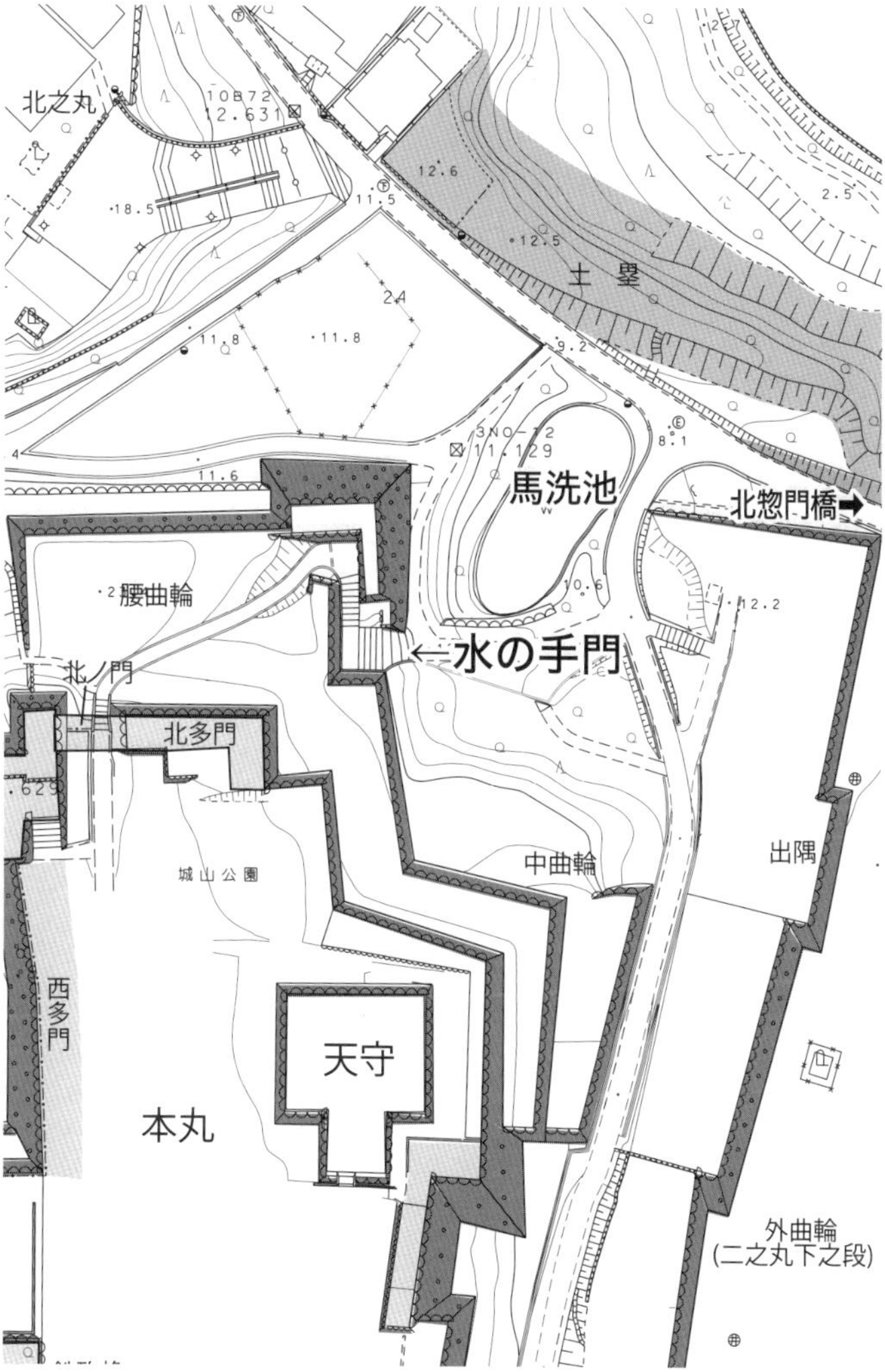

図１　現在の「水の手門」周辺平面図

図２　現在の「水の手門」周辺

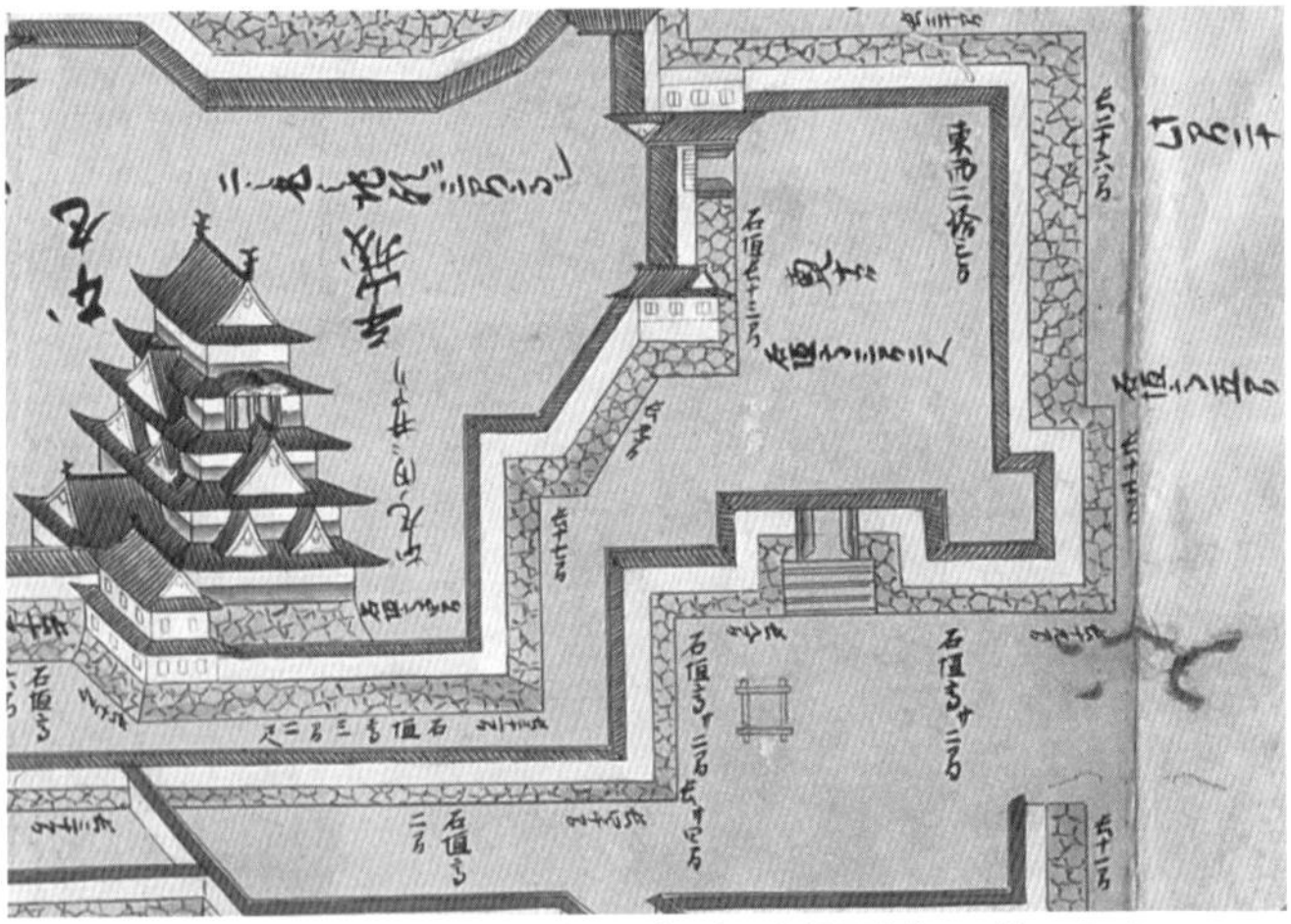

図３　「出雲国松江城絵図（正保城絵図）」に描かれた
天守と「水の手門」

幕府に提出（献上）されたものである。城郭内に描かれた天守図は現在の松江城天守とは外観が異なり、他にも「水の手門」など、現在の松江城郭施設とは異なる描写もあるが、近年、初期松江城天守の研究が進む中で、天守はむしろ当時の実態を描いているとの理解が出来るようになってきた（第一章）。であれば、「水の手門」も実態を描いて幕府に提出したものではないかと、考え始めるようになってきた。

二．松江城郭絵図に描かれた「水の手門」と石垣修理

（1）絵図に描かれた「水の手門」の変遷

そこで、現存する城下絵図、城郭（石垣）修理願図などの松江城郭絵図から、「水の手門」部分を抜き出し、製作年代の古い順に並べてみた。**（図3-①～⑫**、『松江市史』別編「松江城」より）

並べてみると、「①堀尾期松江城下町絵図」（寛永五～十年（一六二八～三二））では石垣や塀は描かれるが、門らしき建物は描かれていない。

一方、「④松江城正保年間絵図」（乙部家図）、「⑤出雲国松江城之絵図」（延宝二年

（一六七四））では、「③出雲国松江城絵図（正保城絵図）」（正保二年（一六四五）頃）と同様な形状に「水の手門」が描かれている。

ところが、「⑥松江城及城下古図」（天和三～元禄五年（一六八三～九二））や「⑦御本丸二ノ御丸三の丸共三枚之内」（寛文十一～元禄七年（一六七一～九四））以降の絵図に描かれた「水の手門」は、現在の姿に近い。

絵図に描かれた「水の手門」の変遷が正しいとすれば、「①堀尾期松江城下町絵図」が描かれた寛永五～十年（一六二八～三三）頃から「③出雲国松江城絵図（正保城絵図）」が描かれた正保二年（一六四五）頃の間。また、「⑤出雲国松江城之絵図」が描かれた延宝二年（一六七四）から「⑥松江城及城下古図」の下限である元禄五年（一六九二）頃の間に、「水の手門」は石垣の改築を伴う改造が行われていたことになる。

①堀尾期松江城下町
絵図寛永5～
10（1628～1633）

②寛永年間松江城
家敷町之図寛永11～
14（1634～1637）

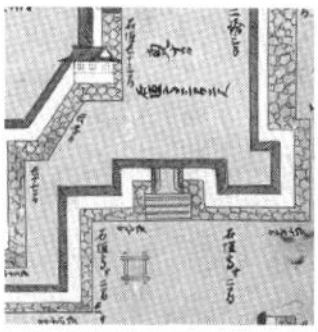

③出雲国松江城絵図
（正保城絵図）
正保2年（1645）

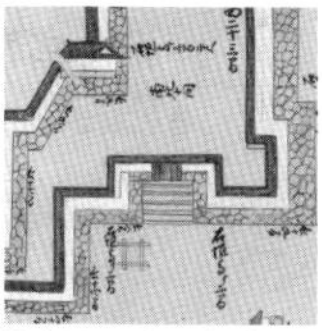

④松江城正保年間
絵図
（正保城絵図控）

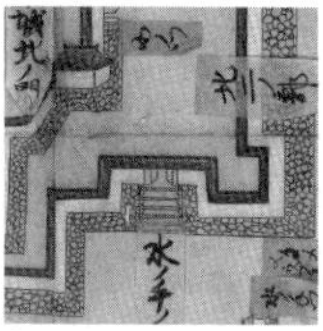

⑤出雲国松江城之
絵図
延宝2年（1674）

⑥松江城及城下古図
天和3～元禄5年
（1683～1692）

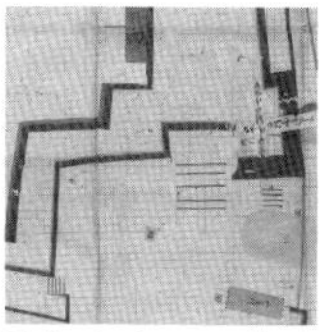

⑦御本丸二ノ御丸
三の丸共三枚之内
寛文11～元禄7年
（1671～1694）

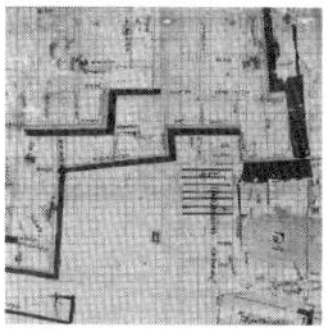

⑧松江城縄張図
17世紀末

⑨出雲御本丸
元禄5～享保4年頃
（1692～1719頃）

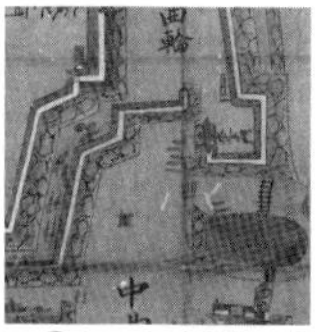

⑩松江城郭図
元文3年（1738）

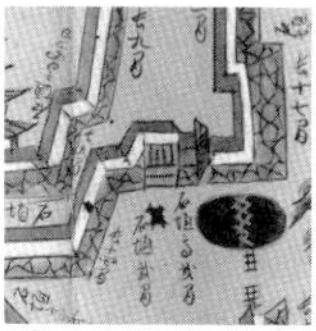

⑪松江城下絵図
元文～延享年間
（1736～1748）

⑫出雲国松江城
（諸国城郭修復図）
安永2年（1773）

図4　松江城郭絵図に描かれた「水の手門」

（2）絵図の比較から見た「水の手門」の改造

「③出雲国松江城絵図（正保城絵図）」、「④松江城正保年間絵図（控図）」には石垣の高さや長さなどの情報が細かく注記（小書《こがき》）されている。

注記によれば、「水の手門」の正面左側の石垣長は十九間（三四・五八m、一間＝一・八二mで計算）、右側石垣長は八間（一四・五六m）、絵図から正面石段長（幅）は約八間（一四・五六m）である。絵図の描写は注記のとおり、正確に描かれていることから、石垣概略図（トレース図）を作成し、比較のために、現在の姿に近い「⑦御本丸二ノ御丸三の丸共三枚之内」と重ねてみた。（**図5**）。

合成図である**図5**を見ると、予想以上に、

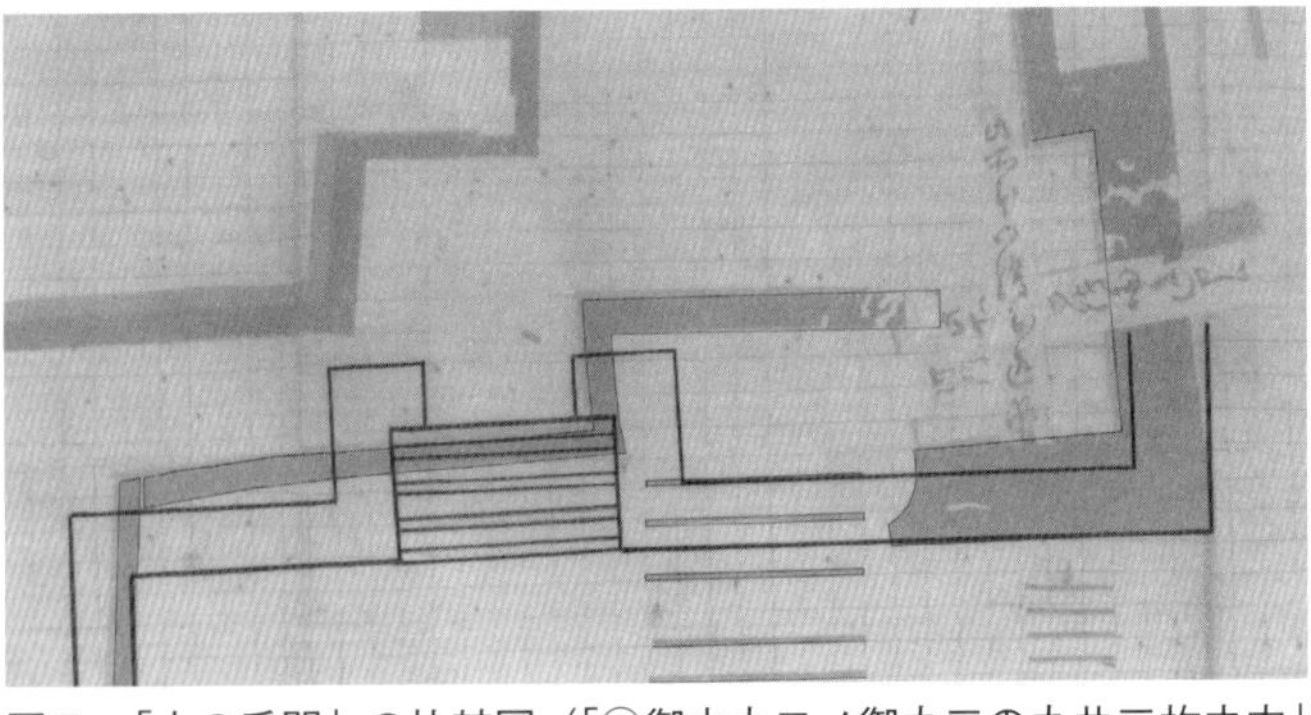

図5　「水の手門」の比較図（「⑦御本丸二ノ御丸三の丸共三枚之内」に「③出雲国松江城絵図（正保城絵図）」に描かれた「水の手門」〔石垣概略図:トレース図〕を重ねたもの）

「③出雲国松江城絵図（正保城絵図）」に描かれている「水の手門」は、形状だけではなく、門部分の位置も現在とは異なるのである。

ちなみに、「⑦御本丸二ノ御丸三の丸共三枚之内」は、石垣や城郭建物などの構築物を示した実測図である。縦横に一間隔の方眼線を引き、ここに石垣や建物の大きさの紙を貼り付けている。大手門の正面建物には「天守《てんしゅ》鍵預《かぎあずかり》」の貼紙があり、貼紙の下には、寛文十一年（一六七一）から元禄七年（一六九四）まで「天守鍵預」を勤めた「松下源蔵居所」と記されている（**図6**）（「列士録」島根県立図書館蔵）。このことから、本図の製作年代は、松下源蔵が「天守鍵預」を勤めた間と考えられている。

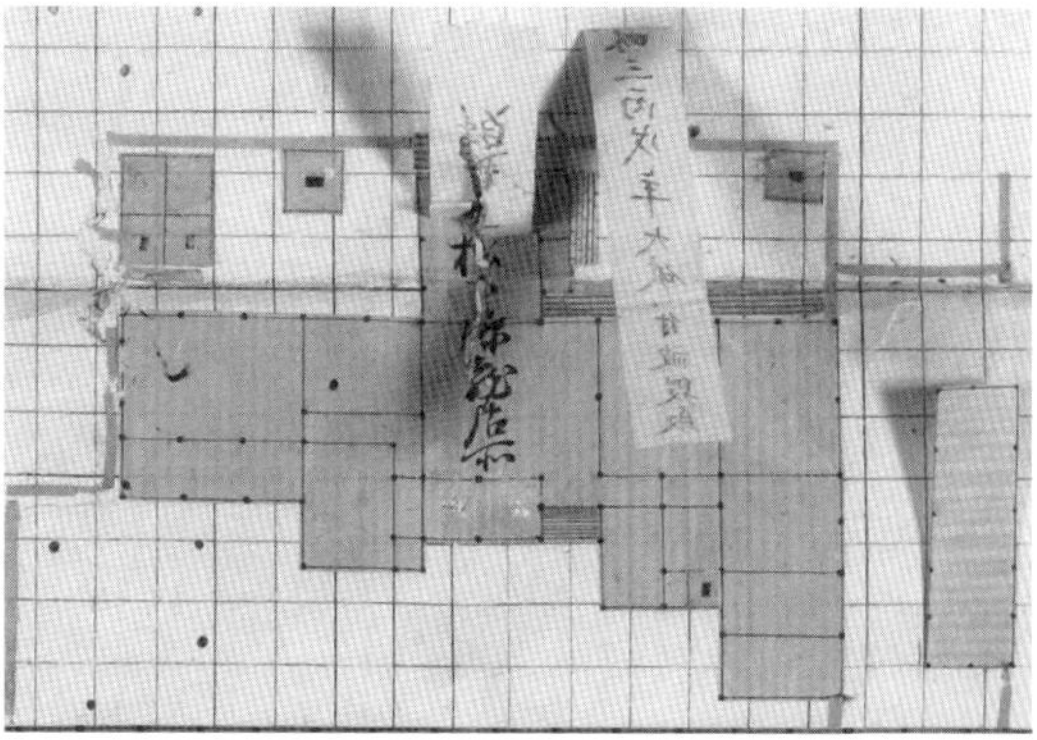

図6　天守鍵預建物に記された「松下源蔵居所」（御本丸二ノ御丸三の丸共三枚之内）

なお、「③出雲国松江城絵図（正保城絵図）」や「④松江城正保年間絵図（正保城絵図控)」に注記された石垣の長さを、「⑦御本丸二ノ御丸三の丸共三枚之内」に丹念に当てはめてみた。すると、「水の手門」周囲の石垣の長さの違いが際立っており、このことからも、「③出雲国松江城絵図（正保城絵図）」や「④松江城正保年間絵図」、「⑤出雲国松江城之絵図」に描かれたような「水の手門」の形状は、十七世紀後半に大きな改変があったように思われる。

（3）石垣修理の履歴

松江城郭絵図の変遷からは、延宝二年（一六七四）から、遅くとも元禄五年（一六九二）頃の間に、「水の手門」の大きな改造が行われたと考えられるのだが、「③出雲国松江城絵図（正保城絵図）」に描かれた「水の手門」が現在の姿になるために、この間に松江藩から幕府に提出されたであろう城郭《じょうかく》（石垣）修《しゅう》補《ほ》願《ねがい》図《ず》は今のところ見つかっていない。元和元年（一六一五）七月の「武家諸法度」により、居城の修補に際して幕府側の許可を受けることとなった。やがて、城郭修理願に際し、必要書類として絵図が添付されるようになり、藩側には記録や控図が残されたはずなのだが。

表1　松江城・石垣修理関連の履歴

延宝 2年 （1674）6月25日	出雲地方大雨。大雨により、三之丸御殿は玄関三段目まで浸水（綱隆年譜）
延宝 2年 9月	石垣修理伺いを幕府に提出（出雲国松江城之絵図）
元禄 4年 （1691）	この年、北出丸（北廓）の石垣を補修（綱近年譜上）
元禄10年 （1697）6月晦日	雨により三之丸北多門の石垣が崩れ、幕府に届け修理（綱近年譜、御作事所御役人帳）
元禄15年 （1702）8月	大雨で宍道湖が増水、松江城の石垣が壊れる（綱近年譜）
享保 2年 （1717）	この年、石垣修理伺いを幕府に提出（宣維年譜全）
享保 5年 （1720）	この年、石垣修理伺いを幕府に提出（宣維年譜全）
元文 3年 （1738）7月	石垣修理伺いを幕府に提出（松江城郭図）
寛延 1年 （1748）5月23日	出雲地方で地震（宗衍年譜）
寛延 1年 10月頃	石垣修理伺いを幕府に提出（宗衍年譜）
寛延 2年 （1749）	この年、北之丸（後山）の土手が崩れ補修（松江藩列士録・佐藤周鮮）
安永 2年 （1773）	松江城外曲輪の石垣が崩れ、幕府に修復を願う（雲国候年譜）
安永 2年 7月	石垣修理伺いを幕府に提出（出雲国松江城〔諸国城郭修復図〕）
安永 7年 （1778）8月	石垣修理伺いを幕府に提出（松江城郭古図）
天明 1年 （1781）1月13日	石垣修理伺いを幕府に提出。同月27日に幕府より許可（雲国候年譜）
文化 1年 （1804）	この年、北之丸（後山）の石垣修復（松江藩列士録・三成伴六）
天保 3年 （1832）	この年、本丸、二之丸の石垣が破損。中櫓と二棟の櫓の建て直し。（普門院文書）
天保11年 （1840）	この年、石垣修理（月見櫓下石垣など）
嘉永 4年 （1851）	この年、二之丸登廊下および石垣の修理（松江藩列士録・小林祖一郎）

（『松江市史』「松江城関連事項編年表」より作成）

そこで、今日残る松江城の城郭修補願図や関係記録を並べてみると、十七世紀末以降に石垣は頻繁に崩れ、修理は何度も行われていたこと、また、修補願図や記録が必ずしも残っているわけではないことが分かる（表1）。今日確認できる石垣修理の履歴（記録）は、松江藩から幕府に届け出て行った石垣修理全てではなさそうである。

三.「水の手門」の現地調査・検討会

以上のことを思いめぐらす中で、「出雲国松江城絵図（正保城絵図）」に描かれた「水の手門」は、石垣修理を経ると現在の姿になるのか、その痕跡と可能性を現在残る石垣から見つけていくことが出来ないものかと考えた。そこで、二〇二一年十月、松江城の石垣研究の第一人者である乗岡実氏、岡崎雄二郎氏を招き、〝水の手門の不思議〟を解決すべく、調査に臨んだのである。

「出雲国松江城絵図（正保城絵図）」に描かれた「水の手門」は現実にはあり得ない姿という結論であれば、なぜ、あの時代、松江藩（藩主松平直政）は幕府に対して、いずれ問題になるような絵図を作成し提出したのか、という疑問も生じてくる。

現地調査と検討会での結論から言えば、「出雲国松江城絵図（正保城絵図）」に描かれた「水の手門」の姿を、今日のような姿に改造した可能性は充分考えられる、ということだった。年代を特定することは難しいものの、表面観察やこれまでの発掘調査の成果から、現在の水の手門周辺は堀尾氏が築いた石垣を何度も改修しているように見受けられるという。**図5**で示した「③出雲国松江城絵図（正保城絵図）」と、「⑦御本丸二ノ御丸三の丸共三枚之内」との比較により、形状だけではなく門部分の位置が大きく異なることも、新知見として共有できた。しかし、最終的な結論は、発掘調査により、石垣、石段などの痕跡を確認していく必要がありそうだ。

松江城郭絵図の変遷からは、「水の手門」が十七世紀の後半、延宝二年（一六七四）から元禄五年（一六九二）頃までの間に、大きな改造を受けたと考えてよいだろう。いつの日か、学術的な発掘調査や新史料の発見によって、〝水の手門の不思議〟が明確に解き明かされることを願っている。

第二章　幕府収納出雲国絵図に記された「古城」と近世初頭の本・支城体制について

一．はじめに

国単位で描かれた近世の国絵図には、江戸幕府が国家的な地図事業として幕府御文庫（紅葉山文庫《もみじやまぶんこ》）に収納した絵図、藩が藩政用に作成した絵図、またその控《ひかえ》図、写《うつし》図など多く現存するが、「官庫の絵図」とも称される幕府収納国絵図は、基本的な図示内容と絵図様式が全国的に統一されており、その表記には幕府の軍用的な要請も反映されている（1）。

関《せき》ヶ《が》原《はら》合戦《かっせん》後に江戸幕府が成立した後も、慶長二十年（一六一五）に大坂の陣が終わるまでは軍事的緊張は続いており、各地で領国支配と国境警備のために居城《きょじょう》（本城）の他に支城《しじょう》が設けられた。関ヶ原合戦後に出雲国を領有した堀尾氏も、居城の他に支城を出雲国内に配置していたことが明らかになっている(2)。しかし、慶長二十年（一六一五）閏六月に発布された、いわゆる「一国一城令《いっこくいちじょうれい》」などの幕府の指示により居城以外の城は破却され、その実態は詳しくは分かっていない。

ここでは、幕府収納出雲国絵図中に表記された「古城」をとおし、近世初頭の本・支城体制や背景にある幕府や藩の軍事的意図について検討する。また、出雲国絵図による知見を広域的に確認していくために、寛永十年（一六三三）の中国筋国絵図に記された居城、「古城」について、現存する城跡との

図1　寛永10年巡見使の分担区割図

照合を試みる。

二．寛永期に二度収納された国絵図

幕府が諸国の国絵図を収納したのは慶長、正保、元禄、天保期であるが、寛永期にも二度の収納があったことが明らかになっている（3）。

寛永十年（一六三三）、幕府は初めて全国へ巡見使《じゅんけんし》（国廻《くにまわ》り上使《じょうし》）を派遣して国情の巡察を行った。国廻りは三人一組の六班（五畿・南海、関東・東海、中国、九州、北国、奥州・出羽）が組まれ、巡察を通じて諸国の国絵図が徴集された。各組の上使らは約四〇〇人前後の従者を引き連れており、巡見使の主要な任務は諸国の政情監察、道筋と国境の見分、それに「一国一城令」遵守の見届け、古城の見分であったとされる。この巡見使によって幕府が収納した国絵図では、大名の居城表現に◙図式（惣構方郭型）を用いて城名を記し、居城とは別に「古城」を記している。寛永十年幕府収納国絵図は、東京大学総合図書館（南葵《なんき》文庫）、岡山大学附属図書館（池田家文庫）、秋田県公文書館、山口県文書館、高知城歴史博物館、京都大学附属図書館、熊本大学附属図書館、名古屋市蓬左《ほうさ》文庫などに現存する（4）。

その後、島原《しまばら》の乱《らん》（島原・天草一揆）（寛永十四年［一六三七］十月〜同十五年二月）での軍勢派遣の経験から、幕府（大目付井上筑後守政重）は寛永十年（一六三三）の中国筋国絵図が少し粗略だったとし（地図上での交通情報が不足していたとされる）、島原の乱終結直後の寛永十五年（一六三八）五月に中国筋諸国（但馬、因幡、伯耆、出雲、石見、隠岐、播磨、美作、備前、備中、備後、安芸、周防、長門）に限って急ぎ絵図の提出（献上）を命じた。また、成立の経緯から、寛永十五年の国絵図は軍用目的による応急的なもので、内容も海陸交通の情報を詳細に記すなど実用を意図して作成された(5)。寛永十五年国絵図中の居城の表現は天守を描くなど景観描写しており、古城は寛永十年図と同様に「古城」と記されている。

幕府が収納した国絵図のうち、出雲国絵図については、寛永十年、寛永十五年、正保二年（一六四五）、宝永七年（一七一〇）、天保九年（一八三八）の国絵図が正本、控図、写図の形で今日伝わっている(6)。このうち、東京大学総合図書館（南葵文庫）所蔵の寛永十年出雲国絵図（**図2**）は巡見使が集めた国絵図そのものの写（一次的写本）とされ、岡山大学附属図書館（池田家文庫）所蔵の寛永十年出雲国絵図（**図3**）は表現様式を全国的に統一して描き直した二次的写本とされている(7)。両図とも居城表現に◘図

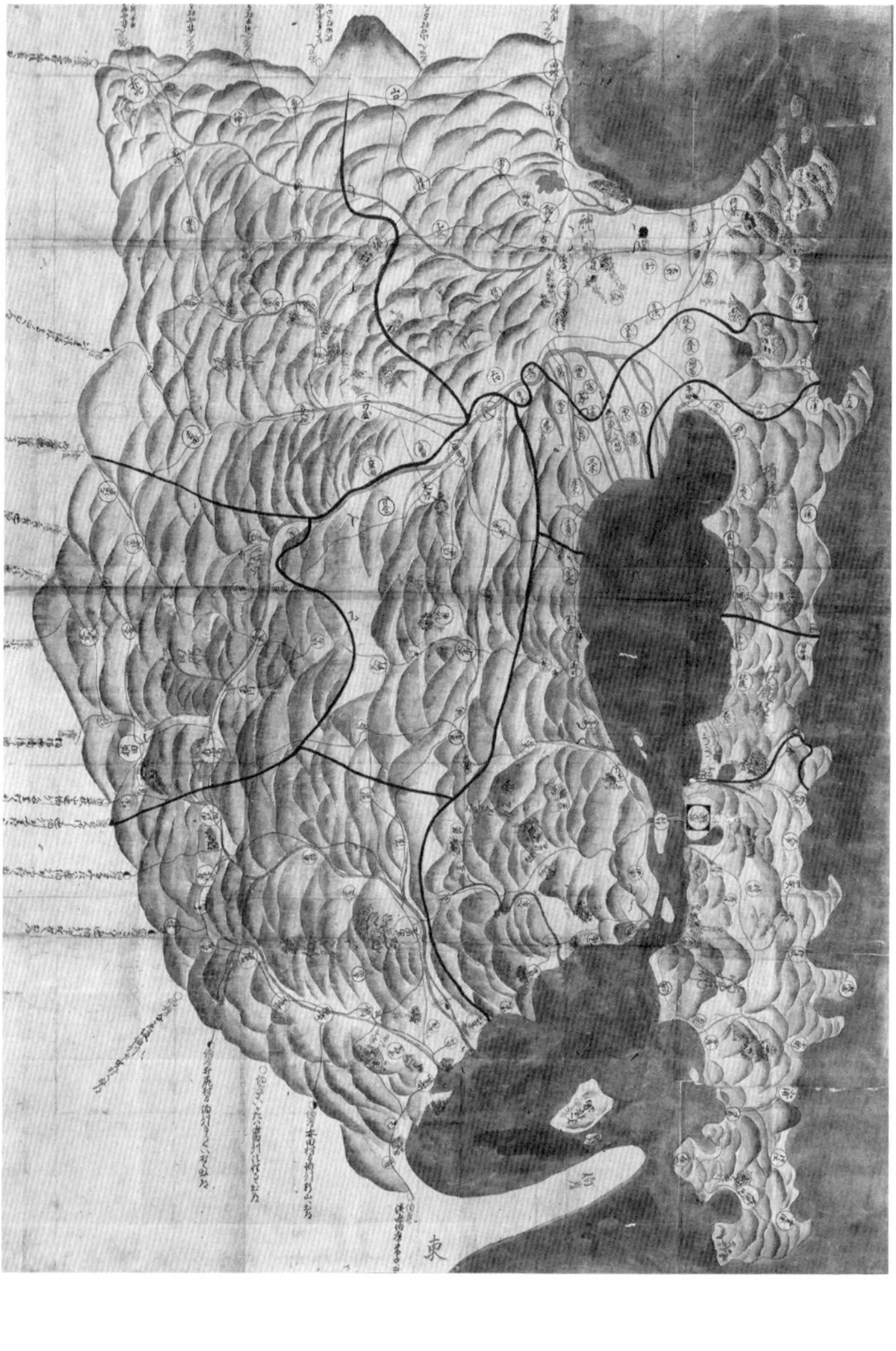

図2　寛永10年出雲国絵図（東京大学総合図書館〔南葵文庫〕蔵「出雲国図」）

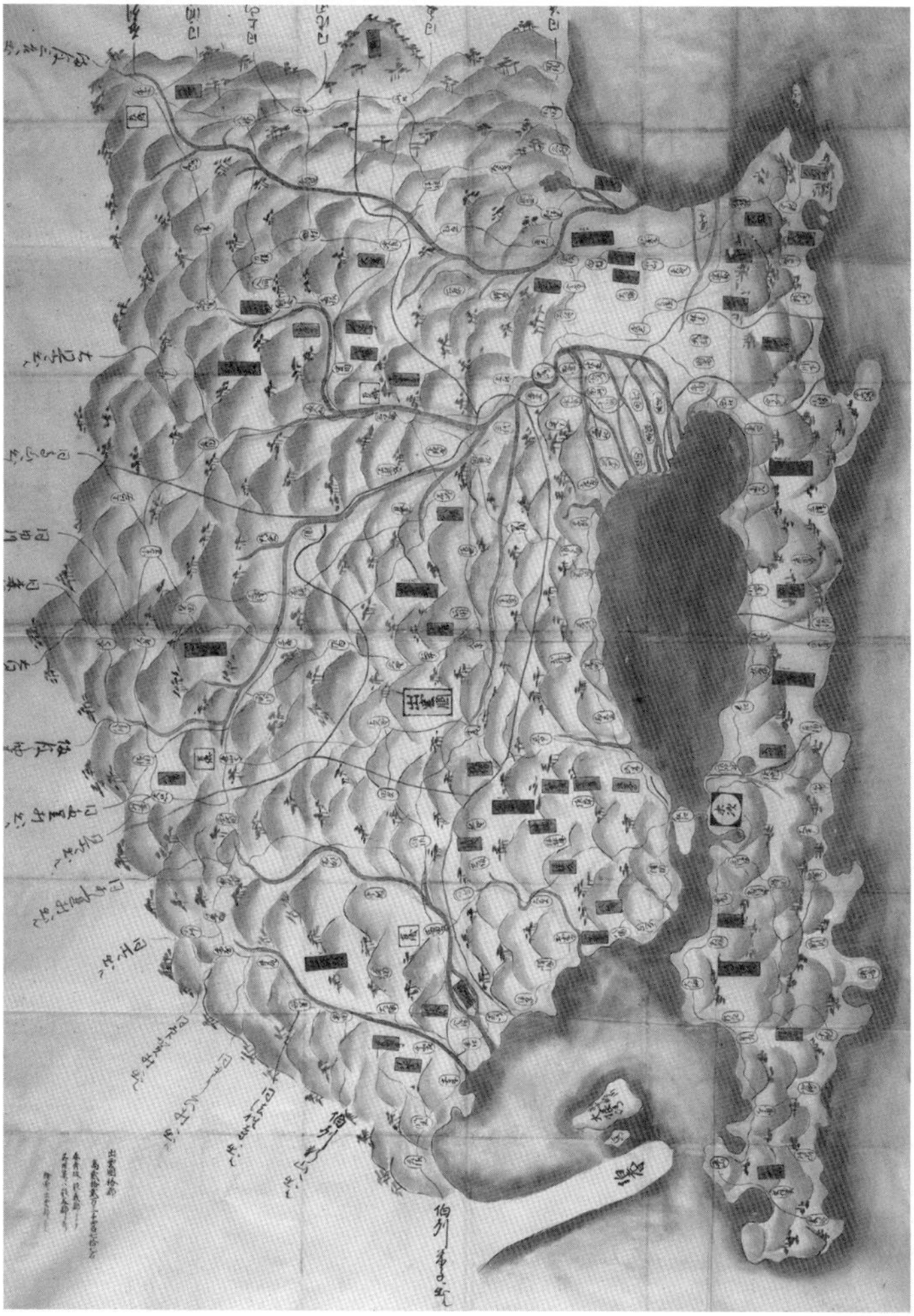

図3　寛永10年出雲国絵図（岡山大学附属図書館〔池田家文庫〕蔵「出雲国図」）

④「三刀屋」と「古城」

①居城「末次城」、山城らしき描写（白鹿城跡か）

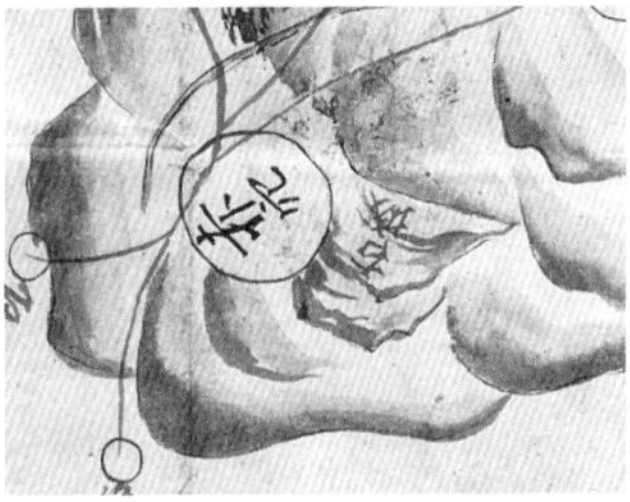

⑤「赤穴」と「 古城」

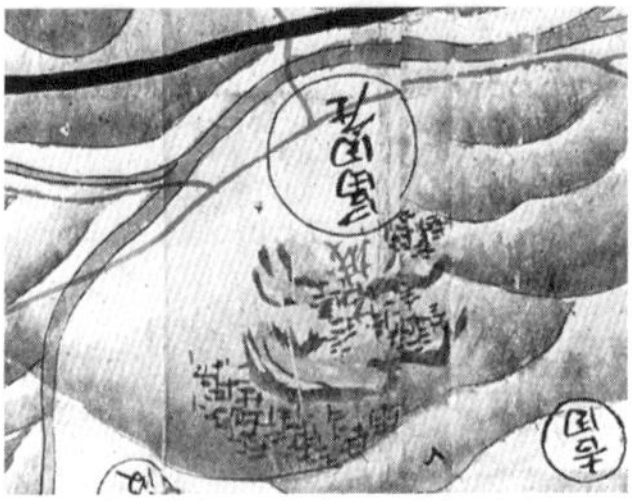

②「富田庄」と「古城」

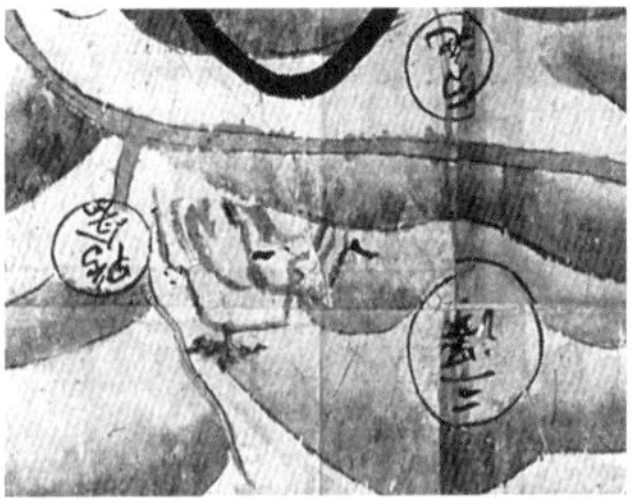

⑥山城らしき描写（三澤城跡か）

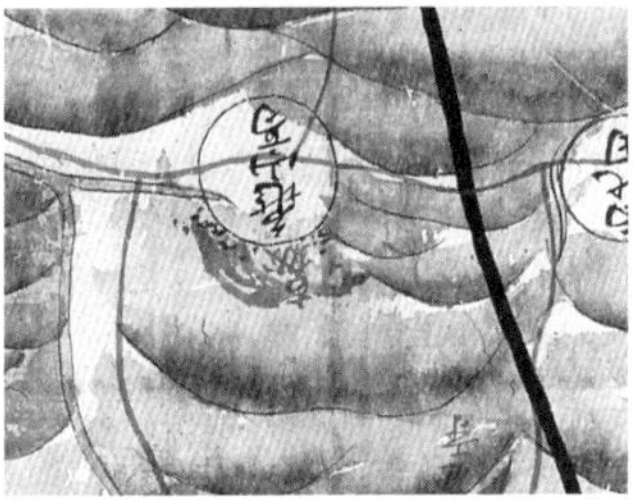

③「亀嵩」と「古城」

図４ 寛永10年出雲国絵図「古城」部分拡大
（東京大学総合図書館〔南葵文庫〕蔵）

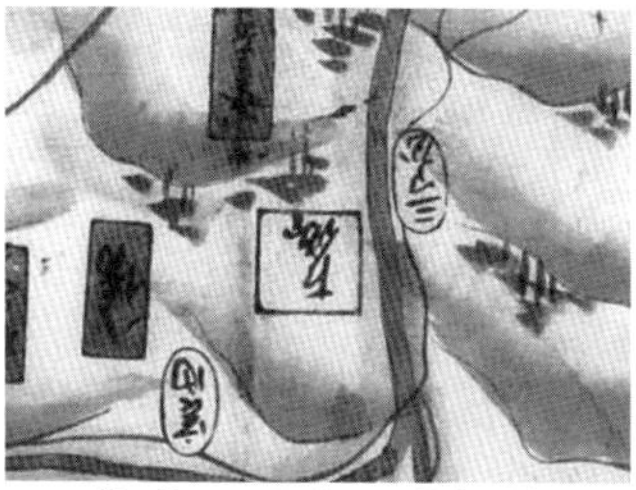

④「三刀屋」と「古城」

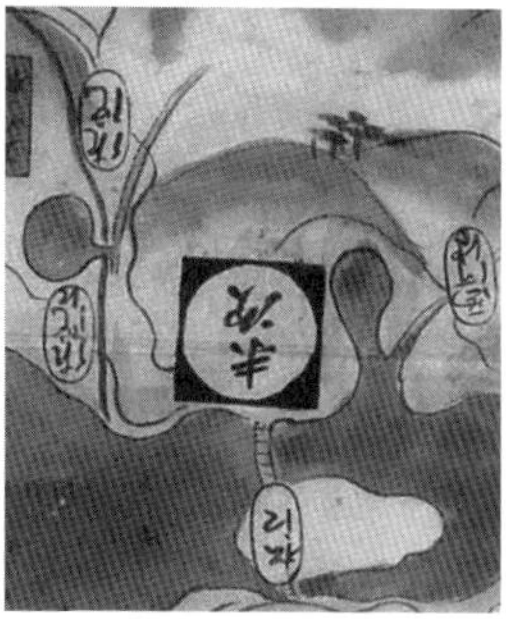

①居城「末次」

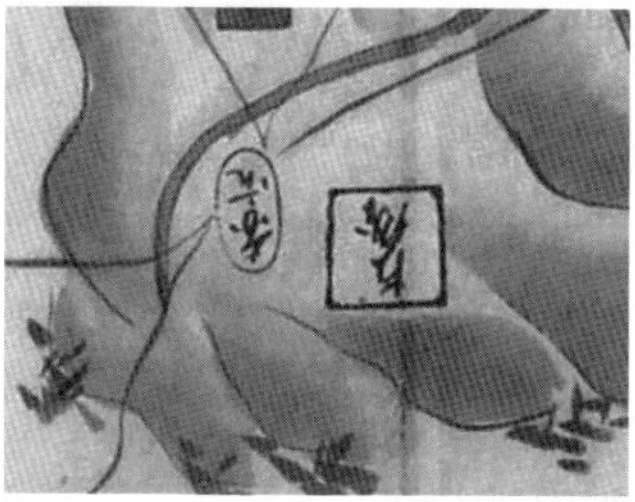

⑤「赤穴」と「古城」

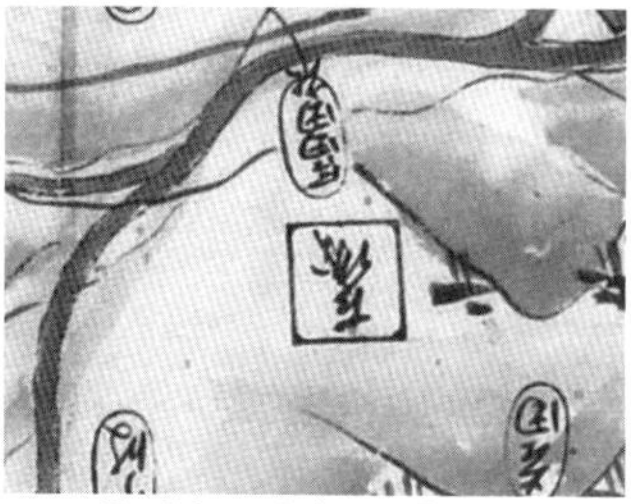

②「富田庄」と「古城」

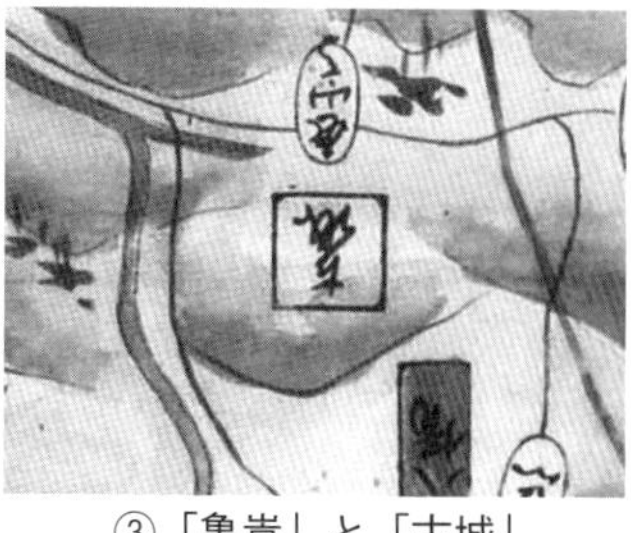

③「亀嵩」と「古城」

図5　寛永10年出雲国絵図「古城」部分拡大
（岡山大学附属図書館〔池田家文庫〕蔵）

式を用い、南葵文庫図では「末次《すえつぐ》城」、池田家文庫図では「末次」と記している。古城については、南葵文庫図では山城らしい描写の上に朱書きで「古城」と記し（図4）、池田家文庫図では山城らしい描写は無くなり四角囲みの内に「古城」と記している（図5）。二つの国絵図とも「古城」と記された場所は、富田《とだ》、三刀屋《みとや》、赤穴《あかな》、亀嵩《かめだけ》の四か所である。なお、一次的写本とされる南葵文庫図には、三澤《みざわ》と白鹿《しらが》（末次城の北側）と思われる場所にも山城らしい描写が認められる（図4─①⑥）。

一方、寛永十五年の出雲国絵図（島根県立古代出雲歴史博物館蔵「寛永出雲国絵図」）（図6）を見ると、居城は天守の形を景観描写しており、「古城」については富田、赤穴、亀嵩のほか、三澤、白鹿、真山《しんやま》、和久羅山《わくらさん》、桧ヶ仙《ひのきがせん》、平田《ひらた》、鳶ヶ巣《とびがす》、藤ヶ瀬《ふじがせ》の十一か所に墨書で「古城」と記されている（三刀屋は無い）。「古城」と記された場所は寛永十年図より大幅に増えているのである。

三．寛永十年、十五年の出雲国絵図に記された「古城」の軍事的意図

関ヶ原合戦（慶長五年：一六〇〇）は徳川幕府成立のきっかけとなった合戦であるが、

合戦後は戦国時代最大の軍事的緊張を生み、居城を築くだけではなく、領地支配と国境警備のために各地で支城も築かれた。ところが慶長二十年（一六一五）閏六月に発令された「一国一城令」により支城の大半が廃城となり、このため史料が残っておらず、松江城を築いた堀尾氏の支城体制についてもほとんど分かっていない。このような中で、堀尾氏の築城技術という観点から堀尾氏の支城についての研究が進んでいる[8]。この視点の延長で、「一国一城令遵守の見届け、古城の見分」を任務にもつ幕府巡見使を通して収納された寛永十年の出雲国絵図を見てみると、富田、三刀屋、赤穴、亀嵩の四か所に記された「古城」は、「一国一城令」で廃された城を表記したものであり、堀尾氏の出雲支配における支城が置かれた場所を示しているのではないかと考えられた[9]。富田の「古城」は富田城跡（安来市広瀬町富田）、三刀屋は三刀屋城跡（雲南市三刀屋町古城）、赤穴は赤名瀬戸山城跡（飯石郡飯南町下赤名）、亀嵩は亀嵩城跡[10]（仁多郡奥出雲町亀嵩）であると考えられる。

堀尾氏の重臣である堀尾但馬が記した「堀尾古記《ほりおこき》」[11]寛永十年の記事には、巡見使入国に先立ち伯耆国米子（鳥取県米子市）へ「出雲ノ絵図」を持参し、出雲国の様子を説明したことが次のように記されている。

一、市橋伊豆殿・柘植平右衛門尉殿・村越七郎右衛門尉殿、四月廿四日午ノ刻ニ伯州米子へ御着被成候、則出雲ノ絵図持にて但馬罷出、国之様子申上候。廿五日ノ晩ニ米子御出船被成、廿六日ノ辰ノ刻雲州美保関へ御着岸、但馬・主水御さきへ参候。廿九日之夜丑ノ刻御三殿美保関御出船被成、隠岐国ノ島前へ御渡海。五月十三日ノ夜隠岐国千波村より御出船被成、十四日ノ巳ノ刻ニ雲州かゝ浦へ御着被成候。六月朔日ニ石州へ御通

この記録によれば、寛永十年（一六三三）四月二十四日から同年六月一日（朔日）にかけて、正使市橋伊豆（長政）、副使柘植平右衛門及び村越七郎右衛門が、伯耆国米子を経由して隠岐国と出雲国を巡察し、次の巡察地である石見国に向かったことが分かる。四月二十四日に伯耆国米子へ巡見使が着くと、堀尾但馬は「出雲ノ絵図」を持参し、「国之様子」を説明している。この「出雲ノ絵図」が巡見使に提出（献上）された国絵図と同様の絵図（控、写など）であろう。

寛永十年の出雲国絵図は堀尾氏が提出した絵図を基に作成されたものであり、国絵図に記された「古城」は、堀尾但馬が「国之様子」の一つとして巡見使に伝えたであろう

「古城」、すなわち「一国一城令」で堀尾氏が廃した城と考えるのが合理的である。

一方、寛永十五年（一六三八）の出雲国絵図では、前述のように富田、赤穴、亀嵩、三澤、白鹿、真山、和久羅山、桧ヶ仙、平田、鳶ヶ巣、藤ヶ瀬の十一か所（富田城跡、赤名瀬戸山城跡、亀嵩城跡、三澤城跡、白鹿城跡、真山城跡、和久羅山城跡、桧ヶ仙城跡、平田城跡、鳶ヶ巣城跡、藤ケ瀬城跡と考えられる）に「古城」と記されており（**表1**）、わずか五年ばかり後に成立した絵図にも関わらず、その記載地は約三倍になっている。

島原の乱をきっかけとして急ぎ徴集された寛永十五年の国絵図（中国筋）の軍用的な性格を考えれば、「古城」記載地が増えるのは、一国一城という原則の中で、軍用的に利用価値のある「古城」を詳しく把握しておく必要が生じたことや、城郭破壊の徹底が求められた結果なのではなかろうか。寛永十年と同十五年の出雲国絵図に記された「古城」記載地の変化は、「一国一城令」遵守（居城以外の城郭破壊＝堀尾氏の支城廃絶）の確認から、軍用的に利用価値のある「古城」の把握・城郭破壊の徹底など、幕府の要請が変化したことが背景にあるのかもしれない。寛永十年は堀尾忠晴の死去により堀尾氏が領地没収となった年、寛永十五年は松平直政が出雲国を領有した年にあたる。

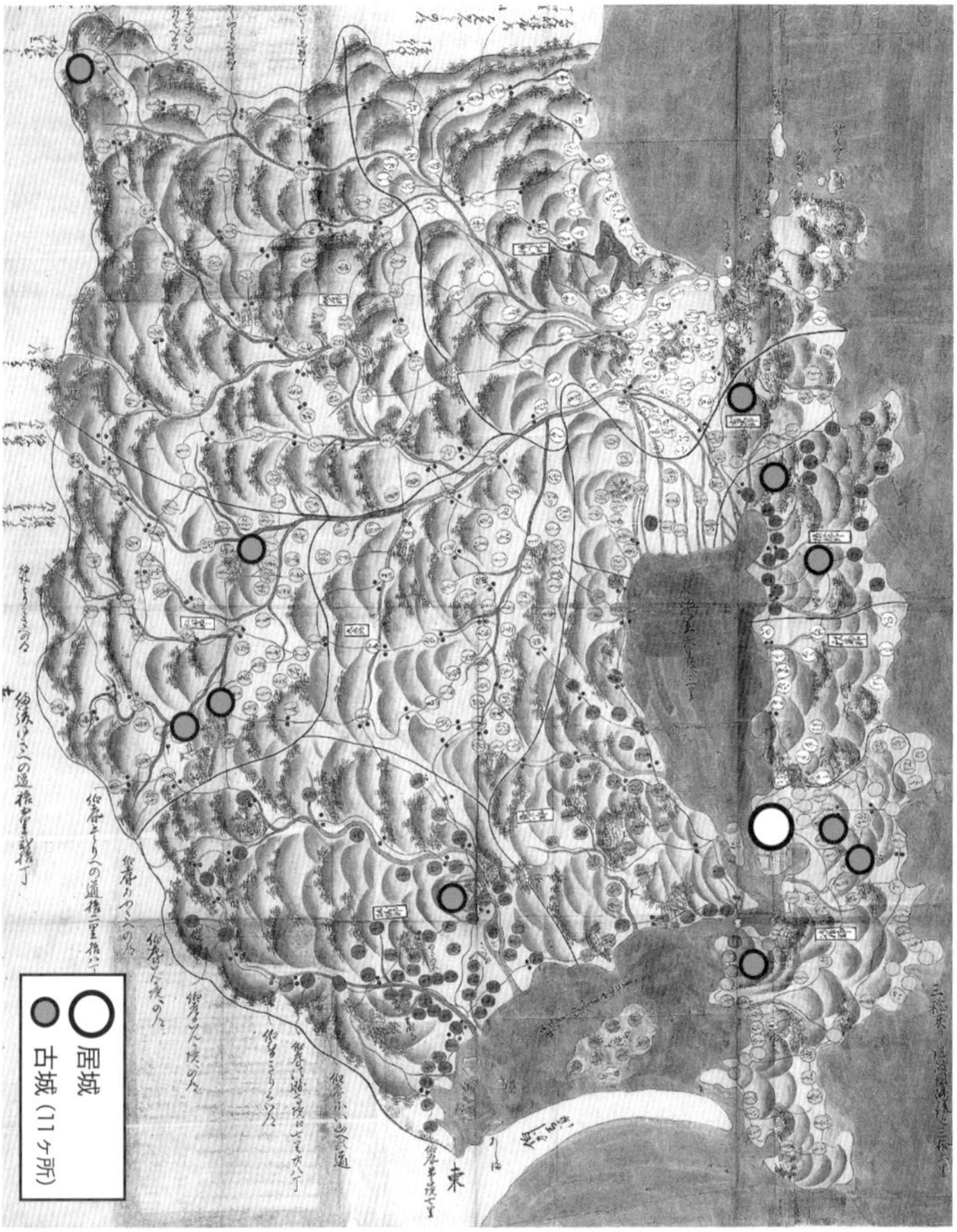

図6　寛永15年出雲国絵図に記された居城と古城（島根県立古代出雲歴史博物館蔵「寛永出雲国絵図」）

幕府収納の国絵図は、基本的な図示内容と絵図様式が全国的に統一されていることを考えれば、出雲国以外の寛永十年、十五年国絵図に記された「古城」についても、出雲国絵図同様の意味を持つ可能性があり、近世初頭の本・支城体制を考える場合、諸国ごとの実態に合わせた検討が必要である[12]。

四．正保期、宝永期（元禄期）、天保期の出雲国絵図に記された「古城」について

島原の乱が鎮圧され、幕府が中国筋の国絵図の再収納を図った寛永十五年（一六三八）から六年後の正保元年（一六四四）、将軍徳川家光の命で全国一斉の本格的な国絵図事業が開始された。正保国絵図事業の特徴は将軍と幕府の威信を諸大名に示し、領国や居城は将軍からの預かりものであることを知らしめることにあり、国絵図、郷帳《ごうちょう》とともに城絵図《しろえず》、道帳《みちのちょう》の提出が求められた。幕府はきめ細かな作成基準を示し、縮尺や様式の全国的統一を図っている[13]。

正保期の出雲国絵図として、国立公文書館所蔵図（「正保出雲国隠岐国絵図」）（図7）、

島根県立古代出雲歴史博物館所蔵図（「正保出雲国・隠岐国絵図」）を見ると、居城は「松江城」と表記し、「古城」については、古城らしき景観描写を行い、「富田古城」「三刀屋古城」「赤名古城」と記すほか、亀嵩、三澤、白鹿、真山、和久羅山、本宮山《ほんぐうざん》など二十八か所に「古城」のみの表記がある。「古城」は合計三十一か所で、寛永十五年出雲国絵図の十一か所より大幅に増えている。正保期の出雲国絵図、隠岐国絵図の提出者（絵図元《えずもと》）は松平出羽守直政で、直政は正保二年（一六四五）に絵図を幕府に納めていた[14]。

その後、幕府の国絵図事業は元禄期（元禄十年〜：一六九七〜）、天保期（天保六年〜：一八三五〜）と二度行われるが、宝永七年（一七一〇）、天保九年（一八三八）の出雲国絵図（**図8、9**）に見られる「古城（跡）」は、正保期の国絵図と同様の場所で、増減はない。

表1では、国絵図に表現された「古城」を、周知の城跡に対比した。

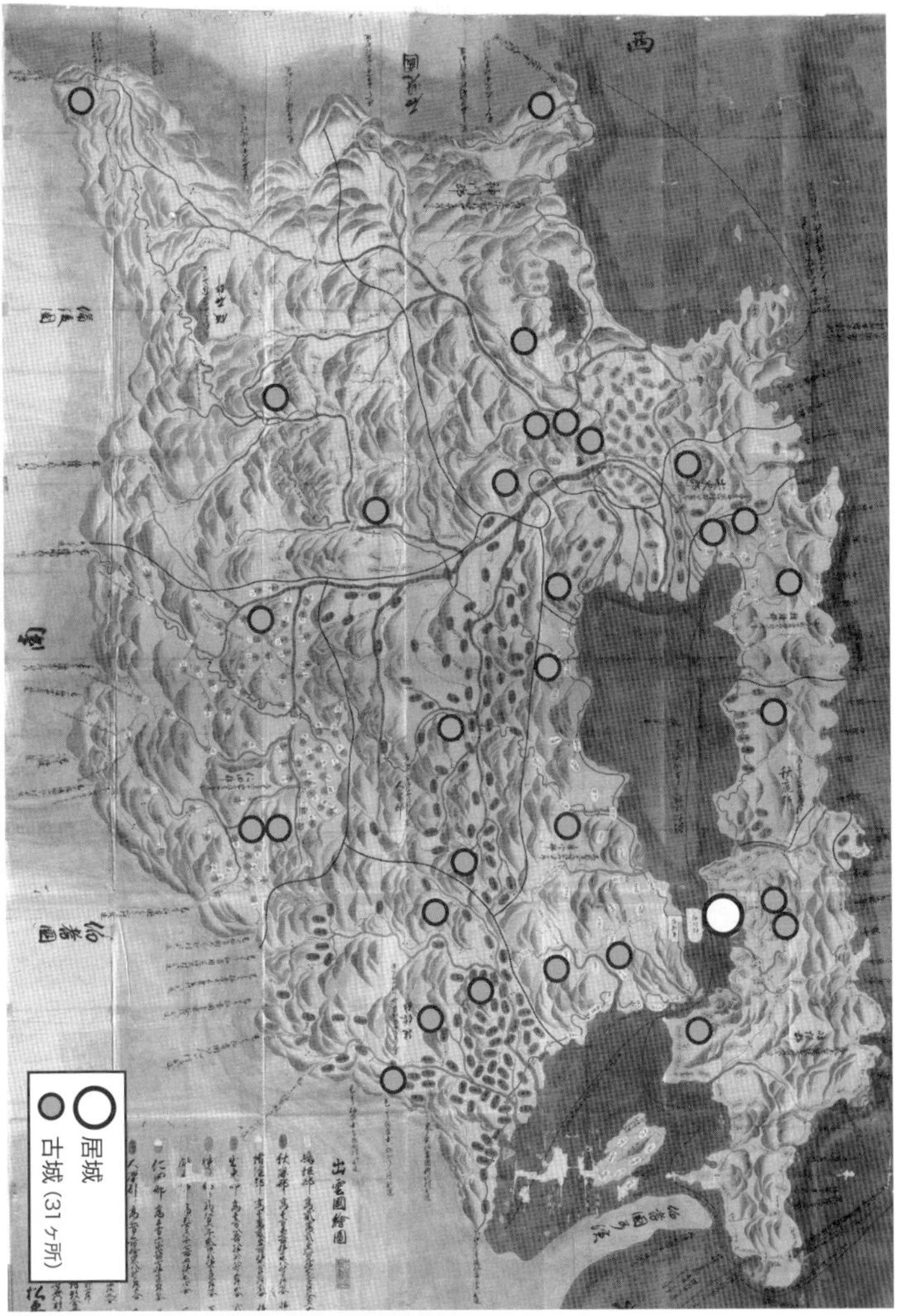

図7　正保2年出雲国絵図に記された居城と古城（国立公文書館蔵「正保出雲国隠岐国絵図」）

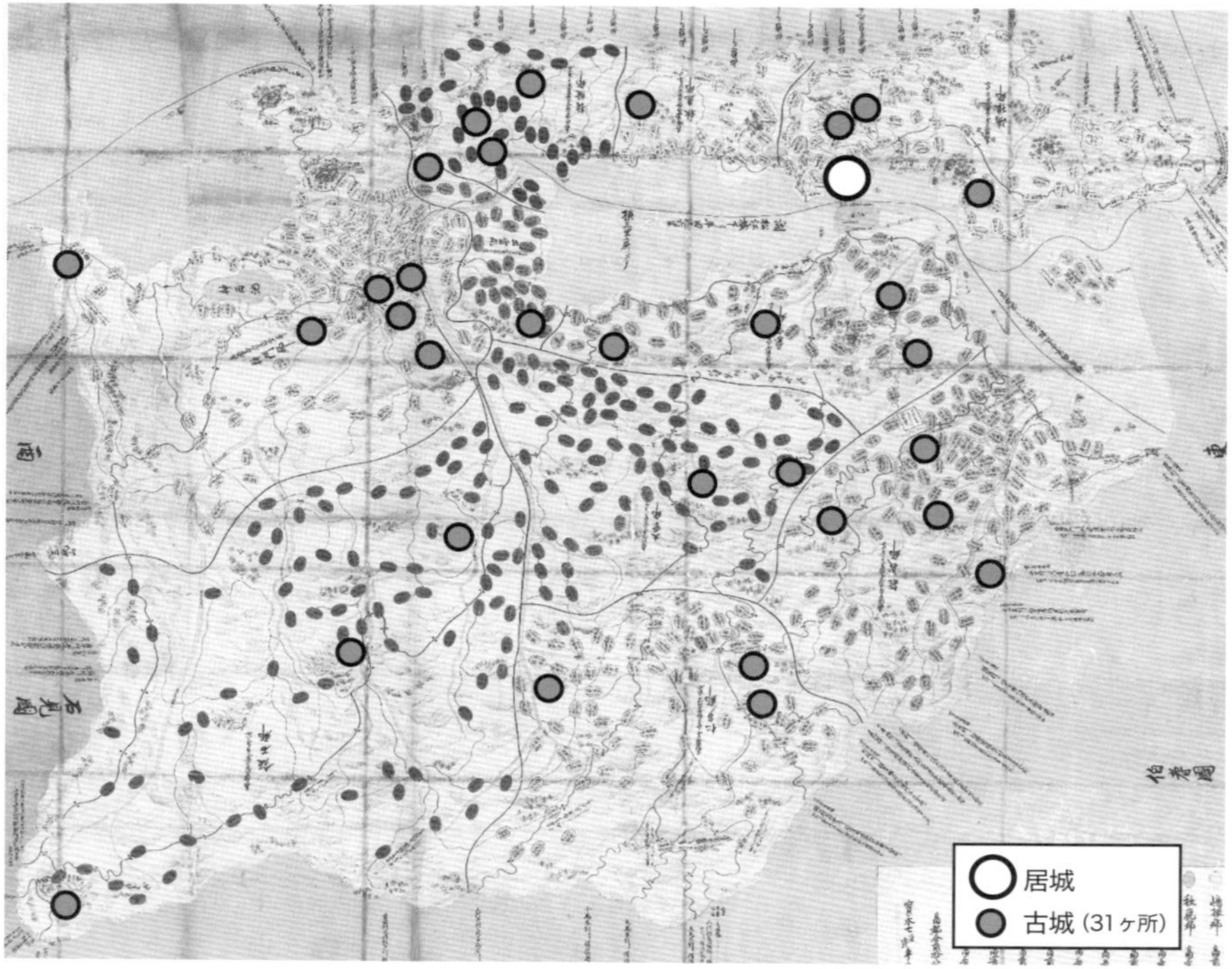

図８　宝永7年出雲国絵図（元禄出雲国絵図）に記された居城と古城
（島根大学附属図書館蔵「宝永出雲国絵図（元禄出雲国絵図）」）

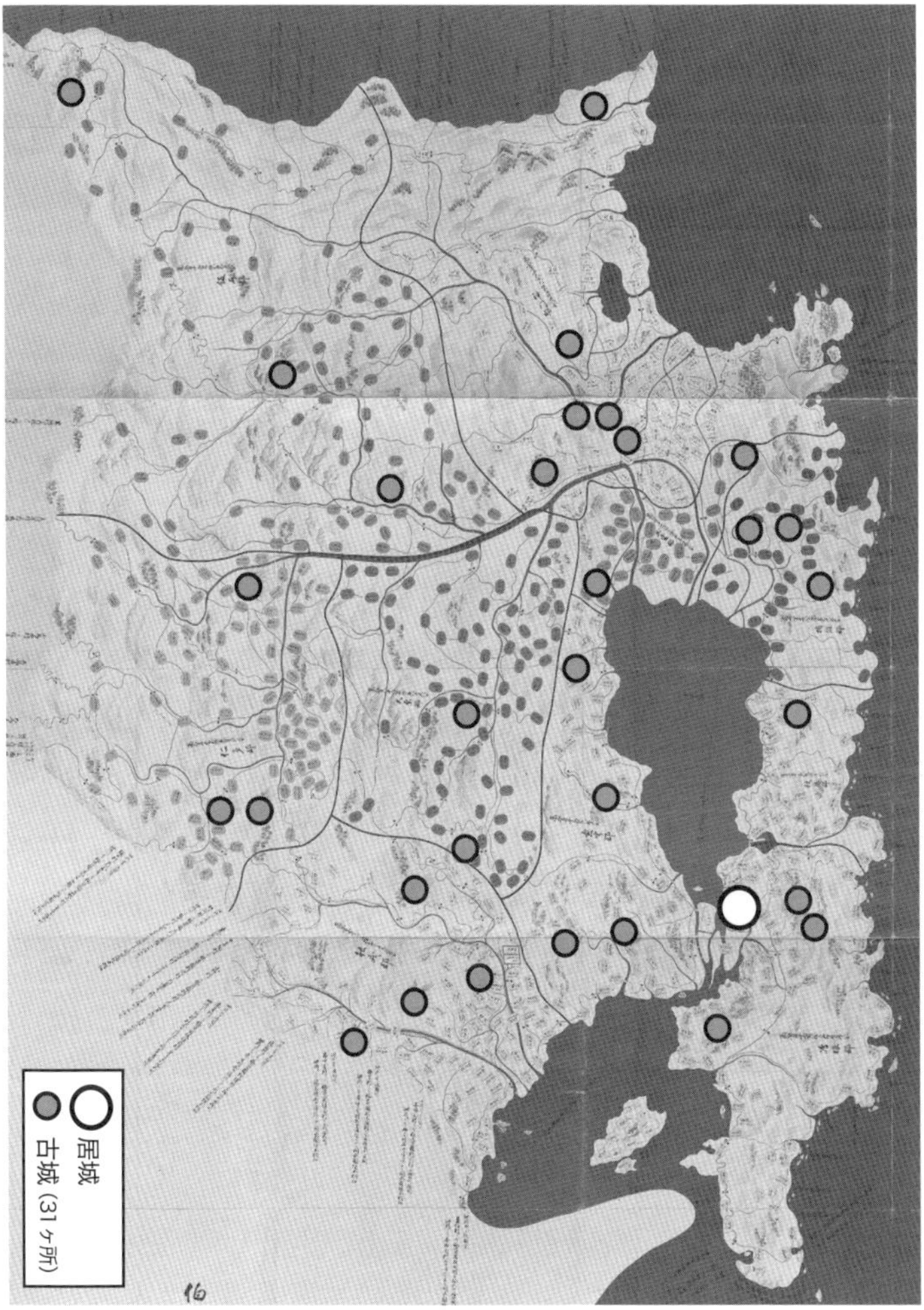

図9　天保9年出雲国絵図に記された居城と古城（国立公文書館〔内閣文庫〕蔵「天保国絵図出雲国」）

寛永出雲国絵図	正保出雲国 隠岐国絵図	正保出雲国・ 隠岐国絵図	宝永出雲国絵図 (元禄出雲国絵図)	宝永出雲国絵図 (元禄出雲国絵図)	天保国絵図出雲国
寛永10年(1633)	正保2年(1645)	正保2年(1645)	宝永7年(1710)		天保9年(1838)
島根県立古代出雲歴史博物館	国立公文書館	島根県立古代出雲歴史博物館	島根大学附属図書館	野津俊夫	国立公文書館
(天守の景観描写)	松江城	松江城	松江城	松江城	松江城
古城	富田古城	富田古城	富田古城跡	富田古城跡	富田古城跡
—	三刀屋古城	三刀屋古城	三刀屋古城跡	三刀屋古城跡	三刀屋古城跡
古城	赤名古城	赤名古城	赤名古城跡	赤名古城跡	赤名古城跡
古城	古城	古城	古城跡	古城跡	古城跡
古城	古城	(山城描写のみ、「古城」表記なし)	古城跡	古城跡	古城跡
古城 志らか	古城	古城	古城跡	古城跡	古城跡
古城 志ん山	古城	古城	古城跡	古城跡	古城跡
古城 者つら	古城	古城	古城跡	古城跡	古城跡
—	古城	(山城描写のみ、「古城」表記なし)	古城跡	古城跡	古城跡
—	古城	古城	古城跡	古城跡	古城跡
—	古城	古城	古城跡	古城跡	古城跡
—	古城	古城	古城跡	古城跡	古城跡
—	古城	(山城描写のみ、「古城」表記なし)	古城跡	古城跡	古城跡
古城仙 いのこ	古城	古城	古城跡	古城跡	古城跡
—	古城	古城	古城跡	古城跡	古城跡
古城 てさき	古城	(山城描写のみ、「古城」表記なし)	古城跡	古城跡	古城跡
古城	古城	古城	古城跡	古城跡	古城跡
—	古城	(山城描写のみ、「古城」表記なし)	古城跡	古城跡	古城跡
—	古城	古城	古城跡	古城跡	古城跡
—	古城	古城	古城跡	古城跡	古城跡
—	古城	—	古城跡	古城跡	古城跡
—	古城	古城	古城跡	古城跡	古城跡
—	古城	古城	古城跡	古城跡	古城跡
—	古城	(山城描写のみ、「古城」表記なし)	古城跡	古城跡	古城跡
—	古城	古城	古城跡	古城跡	古城跡
古城	古城	古城	古城跡	古城跡	古城跡
—	古城	古城	古城跡	古城跡	古城跡
—	古城	古城	古城跡	古城跡	古城跡
—	古城	古城	古城跡	古城跡	古城跡
—	古城	古城	古城跡	古城跡	古城跡
—	古城	古城	古城跡	古城跡	古城跡

討が必要である。(　) 内は他に可能性がある城跡名で、所在比定に疑問が残るものには？ を付した。国絵図の名称は『松江市史』史料編11「絵図・地図」による。

表１　出雲国絵図に見える「古城」表記

城跡名	所在地	尼子十旗・十砦	出雲国図 寛永10年(1633) 東京大学総合図書館(南葵文庫)	出雲国図 寛永10年(1633) 岡山大学附属図書館
松江城	松江市殿町		末次城	末次
富田城跡	安来市広瀬町富田		古城(朱書き)	古城(四角囲み)
三刀屋城跡	雲南市三刀屋町古城	尼子十旗	古城(朱書き)	古城(四角囲み)
赤名瀬戸山城跡	飯石郡飯南町下赤名	尼子十旗	古城(朱書き)	古城(四角囲み)
亀嵩城跡	仁多郡奥出雲町亀嵩		古城(朱書き)	古城(四角囲み)
三澤城跡	仁多郡奥出雲町鴨倉	尼子十旗	(山城らしき描写あり)	－
白鹿城跡	松江市法吉町	尼子十旗	(山城らしき描写あり)	－
真山城跡	松江市法吉町		－	－
和久羅山城跡	松江市朝酌町		－	－
本宮山城跡	松江市上大野町		－	－
茶臼山城跡	松江市山代町		－	－
東岩坂要害山城跡	松江市八雲町日吉		－	－
玉造要害山城跡	松江市玉湯町玉造		－	－
金山(坂口)要害山城跡	松江市宍道町白石		－	－
桧ヶ仙城跡	出雲市多久谷町		－	－
八幡山城跡(城山城)？	出雲市野石谷町		－	－
平田城跡	出雲市平田町		－	－
鳶ヶ巣城跡	出雲市西林木町		－	－
高瀬城跡	出雲市斐川町学頭	尼子十旗	－	－
平家丸城跡？	出雲市今市町		－	－
大井谷城跡？	出雲市上塩冶町		－	－
唐墨城跡？	出雲市朝山町		－	－
上之郷城跡	出雲市上島町		－	－
神西城跡	出雲市東神西町	尼子十旗	－	－
鶴ケ城跡	出雲市多伎町口田儀		－	－
日倉山城跡	雲南市掛合町掛合		－	－
藤ケ瀬城跡	仁多郡奥出雲町横田		－	－
布部城跡	安来市広瀬町布部		－	－
壇原城跡	安来市広瀬町宇波		－	－
亀遊山城跡	安来市伯太町東母里	尼子十砦	－	－
三笠城跡	雲南市大東町南村	尼子十旗	－	－
丸子山城跡？	雲南市大東町大東		－	－

★絵図に表現された「古城」を周知の城跡に比定し、代表的な城跡名を記した。「古城」表記がない場合は「－」とした。なお、「古城」には、近代以降、形状が変わったり、既に消滅したものもあり、所在比定には今後も検

五．幕府収納出雲国絵図以外の国絵図に記された「古城」

管見の限りでは、江戸幕府収納の出雲国絵図以外の国絵図で、松江藩が藩政用に作成した「十郡絵図」などでの「古城」の表記は比較的不統一で、正保期以降の幕府収納の出雲国絵図と比較しても表記場所は少ない。また、幕府収納図で「古城」と記されている場所のいくつかが単に山形の描写に「〇〇山」などと記される場合もあり、用途の違いもあるものの、軍事的緊張感が無くなる中で松江藩関係者にとって「古城」（中世城郭）を把握する必要がなかったことなどが伺える[15]。

一方、歴史研究家だった松江の町人渡部彝《わたなべつね》が文政七年（一八二四）に描いた「島根郡絵地図」には、島根郡内二十か所近くに「古城山」が記され、朱色に彩色されている[16]。「出雲神社巡拝記」（松江歴史館蔵、『松江市史』史料編「近世Ⅰ」）などを記した渡部は、地誌的関心の高まりと国学の影響のもとで地誌情報としての「古城」を重要視していたことが分かる。

六．寛永十年幕府収納の中国筋国絵図に記された居城、「古城」について

寛永十年（一六三三）に中国筋巡見使が徴集した国絵図は、池田家文庫（岡山大学附属図書館）に播磨国を除く出雲国、隠岐国、石見国、伯耆国、因幡国、長門国、周防国、安芸国、備前国、備中国、備後国、美作国、但馬国の国絵図が残されている。池田家文庫所収図を用い、記された居城、「古城」について、現存する城跡との照合を試みた(17)。寛永十年播磨国絵図については、秋田県公文書館所蔵の「日本六十余州国々切絵図」(18)を用いた。

①但馬《たじま》国

寛永十年に但馬国を領有していたのは、杉原重長（豊岡藩）、小出吉英（出石藩）、山名矩豊（村岡藩）である。寛永十年但馬国絵図には、居城の図式に「出石」が記され、四角囲みで「とゝろき古城」及び「古城」二か所が記されている。居城「出石」は出石城跡（豊岡市出石町）、四角囲みで「とゝろき古城」は轟城跡（豊岡竹野町）、「古城」は宵田城跡（豊岡市日高町）、国分寺城跡（豊岡市日高町）にあたると考えられる（図10）。

②因幡《いなば》国

寛永十年に因幡国を領有していたのは池田光仲（鳥取藩）である。寛永十年因幡国絵図には、居城の図式に「鳥取」が記され、四角囲みで「鹿野古城」、「古城」一か所、「船岡」が記されている。居城「鳥取」は鳥取城跡（鳥取市東町）、「鹿野古城」は鹿野城跡（鳥取市鹿野町鹿野）、「古城」は桐山城跡（岩美郡岩美町浦富）にあたる。

因幡国は池田光政が伯耆国とともに元和三年（一六一七）から領有した。光政は寛永九年（一六三二）に岡山の池田光仲と国替えとなったが、光仲が幼少だったためである。光仲は鳥取城を居城とし、浦住に家老鵜殿氏を配し桐山城の麓に陣屋を構えた（図11）。

③伯耆《ほうき》国

寛永十年に伯耆国を領有していたのは池田光仲（鳥取藩）である。寛永十年伯耆国絵図には、居城の図式に「米子城」が記され、四角囲みで「黒坂古城」及び「古城」三か所が記されている。居城「米子城」は米子城跡（米子市久米町）、「黒坂古城」は鏡山城跡（日野郡日野町黒坂）、「古城」は八橋城跡（東伯郡琴浦町八橋）、打吹城跡（倉吉市倉吉）、松崎城跡（東伯郡湯梨浜町松崎）にあたる。

伯耆国は慶長十四年（一六〇九）の中村氏改易《かいえき》の後、加藤氏（米子：米子城）・市橋

氏（八橋：八橋城）・関氏（黒坂：黒坂城）・里見氏（倉吉：打吹城）などに分割された。これら伯耆国の諸城は元和三年（一六一七）に因幡・伯耆国を領有した池田光政の入部を契機に「一国一城令」に基づき米子城を除き廃城されたと考えられる。寛永九年（一六三二）に池田光政は岡山の池田光仲と国替えとなったが、光仲は国替え時に幼少だったため、米子（米子城）に荒尾成利を、黒坂（黒坂陣屋）に福田久重を、八橋（八橋陣屋）に津田元匡を、倉吉（倉吉陣屋）に荒尾嵩就を、松崎（松崎陣屋）に和田三正を配し独自に統治を行わせた（自分手政治）。「古城」は陣屋が置かれた場所と重なる（図12）。

④出雲《いずも》国

寛永十年に出雲国を領有していたのは堀尾忠晴（松江藩）である。寛永十年出雲国絵図には、居城の図式に「末次」が記され、四角囲みで「古城」が四か所記されている。居城「末次」は松江城跡（松江市殿町）で、「古城」は富田城跡（安来市広瀬町富田）、三刀屋城跡（雲南市三刀屋町古城）、赤名瀬戸山城跡（飯石郡飯南町下赤名）、亀嵩城跡（仁多郡奥出雲町亀嵩）にあたる。

堀尾氏は関ヶ原合戦の後、慶長五年（一六〇〇）に出雲、隠岐国を領有し、当初は居城として広瀬（安来市）の富田城に入ったが、領国支配のために慶長十三年（一六〇八）

頃に政治機能を松江に移しており、居城として松江城（末次城）を築いた（図13）。

⑤石見《いわみ》国

寛永十年に石見国を領有していたのは、吉田重恒（浜田藩）、亀井茲政（津和野藩）で、他に幕府直轄の石見銀山領が置かれていた。寛永十年石見国絵図には、居城の図式に「浜田」、「津和野」が記されるが、「古城」は記されていない。居城「浜田」は浜田城跡（浜田市殿町）、「津和野」は津和野城跡（鹿足郡津和野町）にあたる。古田氏、亀井氏は藩領内に居城を置いたが、「一国一城令」の対象となる支城は置かなかったと考えられる（図14）。

⑥隠岐《おき》国

寛永十年に隠岐国を領有していたのは堀尾忠晴（松江藩）である。寛永十年隠岐国絵図には、居城の図式、「古城」は記されていない。寛永十年隠岐国絵図では居城、「古城」とも表記はない。堀尾氏は隠岐国に居城と「一国一城令」の対象となる支城は置かなかったと考えられる（図15）。

⑦播磨《はりま》国

寛永十年に播磨国を領有していたのは松平康直（明石藩）、本多政朝（姫路藩）、池田輝澄（山崎藩）、建部政長（林田藩）、池田重政（新宮藩）、岡部宣勝（龍野藩）、池田輝興（赤穂藩）、幕府領（三木藩）などである。寛永十年播磨国絵図には、居城の図式に「姫路」「明石」が記され、「古城」は記されていない。居城「姫路」は姫路城跡（姫路市本町）、「明石」は明石城跡（明石公園）にあたる（図16）。

⑧美作《みまさか》国

寛永十年に美作国を領有していたのは森忠政（津山藩）である。寛永十年播磨国絵図には、居城の図式に「津山」が記され、「古城」は記されていない。居城「津山」は津山城跡（津山市山下）にあたる（図17）。

⑨備前《びぜん》国

寛永十年に備前国を領有していたのは池田光政（岡山藩）である。寛永十年備前国絵図には、居城の図式に「岡山」が記され、「古城」は記されていない。居城「岡山」は岡山城跡（岡山市北区丸の内）にあたる（図18）。

⑩備中《びっちゅう》国

寛永十年に備中国を領有していたのは池田長常（松山藩）、戸川正安（庭瀬藩）、木下利房（足守藩）、蒔田広定（浅尾藩）、伊東長昌（岡田藩）、山崎家治（成羽藩）である。

寛永十年備中国絵図には、居城の図式に「松山」が記され、四角囲みで「八幡山古城」「加らや山古城」「忍山古城」「塩志ろ古城」「とりは古城」「加う志ろ古城」「服部古城」「笠岡古城」「片嶋古城」及び「古城」一か所が記されている。

居城「松山」は松山城跡（高梁市内山下）、「八幡山古城」は八幡山陣跡（岡山市北区大崎・和井元）、「加らや山古城」は冠山城跡（岡山市北区下足守）、「忍山古城」は忍山城跡（岡山市北区上高田）、「塩志ろ古城」は塩城山城跡（新見市上熊谷）、「とりは古城」は楪城跡（新見市上市）、「加う志ろ古城」は岩高城跡（新見市哲西町上神代）、「服部古城」は西山城跡（新見市哲西町八鳥）、「笠岡古城」は笠岡城跡（笠岡市笠岡）、「片嶋古城」は片島城跡（倉敷市片島町）、一か所の「古城」は備中高松城跡（岡山市北区高松）にあたる（図19）。

⑪備後《びんご》国

寛永十年に備後国を領有していたのは水野勝成（福山藩）、浅野長治（三次藩：広島藩支藩）、浅野光晟（広島藩：備後国六郡）である。寛永十年備後国絵図には、居城の図式に「福山」「三原」が記され、四角囲みで「古城」六か所が記されている。居城「福山」は福山城跡（福山市丸之内）、「三原」は三原城跡（三原市城町）である。「古城」は、

大富山城跡（庄原市西条町）、五品嶽城跡（庄原市東城町）、尾関山城跡（三次市三次町）、千光寺山城跡（尾道市東土堂町）、鞆城跡（福山市鞆町）、神辺城跡（福山市神辺町）にあたる（図20）。

⑫安芸《あき》国

寛永十年に安芸国を領有していたのは浅野光晟（広島藩）である。寛永十年安芸国絵図には、居城の図式に「広島」が記され、四角囲みで「廿日市古城」「向なた古城」及び「古城」四か所が記されている。居城「広島」は広島城跡（広島市中区基町）、「廿日市古城」は桜尾城跡（廿日市桜尾本町）、「向なた古城」は仁保城跡（広島市南区黄金山町）、「古城」は郡山城跡（安芸高田市吉田町）、高松城跡（広島市安佐北区可部）、亀居城跡（大竹市小方）、不明（広島市南区比治山）一か所にあたると考えられる。

毛利輝元が領国支配の拠点として広島城を築いたが、関ヶ原合戦後に福島正則が安芸・備後両国と備中国の一部を領有し、広島城に入った。福島正則は三原城跡（三原市城町）、五品嶽城跡（庄原市東城町）、尾関山城跡（三次市三次町）、鞆城跡（福山市鞆町）、神辺城跡（福山市神辺町）、亀居城跡（大竹市小方）の領内要地六か所に支城を構えた。元和五年（一六一九）に正則が改易されると、浅野長晟が安芸国と備後国八郡を領有することとなり、寛永九年（一六三二）に嗣子光晟が襲封した（図21）。

⑬周防《すおう》国

寛永十年に周防国を領有していたのは毛利秀就（萩藩）、吉川広家（岩国藩）、毛利就隆（下松藩:萩藩支藩）である。寛永十年周防国絵図には、居城の表記はないが、四角囲みで「岩国古城」「松崎古城」「下松古城」「山田（口）古城」が記されている。「岩国古城」は岩国城跡（岩国市横山）、「松崎古城」は三丘嶽城跡（周南市小松原）、「下松古城」は下松城跡（所在不明）、「山田（口）古城」は高嶺城跡（山口市上宇野令）にあたる。

毛利氏は輝元の時、広島城を築き安芸・周防・長門・石見・備後・出雲・隠岐・伯耆国等を領有していたが、関ヶ原合戦で西軍に加わり周防・長門二か国に減封された。慶長五年十月に家督は秀就に譲られ、同年十一月に長府が毛利秀元に、岩国が吉川広家に、元和三年に徳山が毛利就隆に分知された（図22）。

⑭長門《ながと》国

寛永十年に長門国を領有していたのは毛利秀就（萩藩）、毛利秀元（長府藩・萩藩支藩）である。寛永十年長門国絵図には、居城の図式に「萩」が記され、四角囲みで「府中古城」が記されている。居城「萩」は萩城跡（萩市堀内）で、「府中古城」は櫛崎城跡（下関市長府宮崎町）にあたる（図23）。

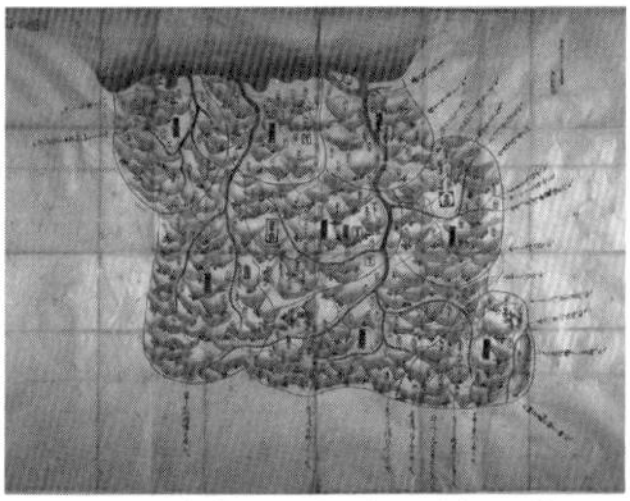

図10　寛永10年中国筋国絵図
（但馬国絵図）

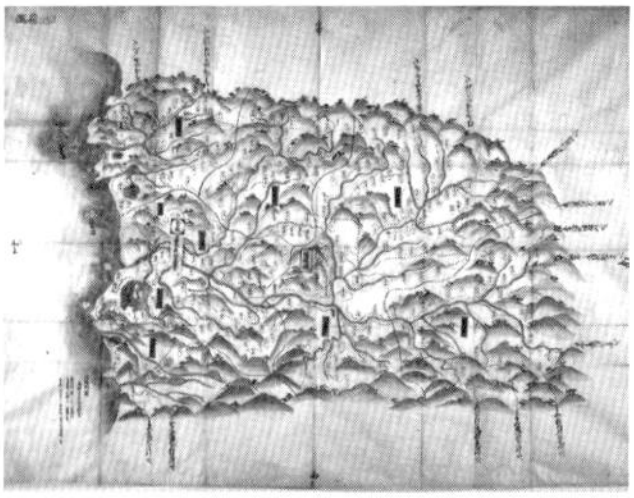

図11　寛永10年中国筋国絵図
（因幡国絵図）

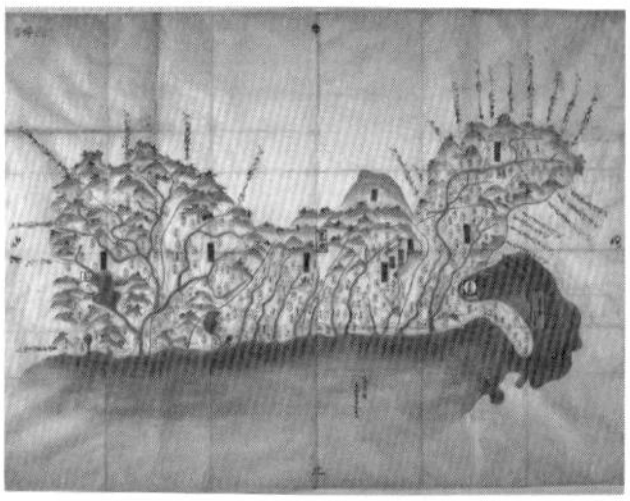

図12　寛永10年中国筋国絵図
（伯耆国絵図）

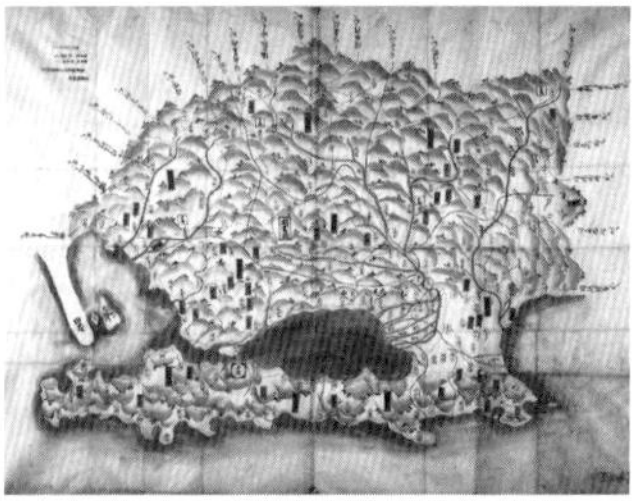

図13　寛永10年中国筋国絵図
（出雲国絵図）

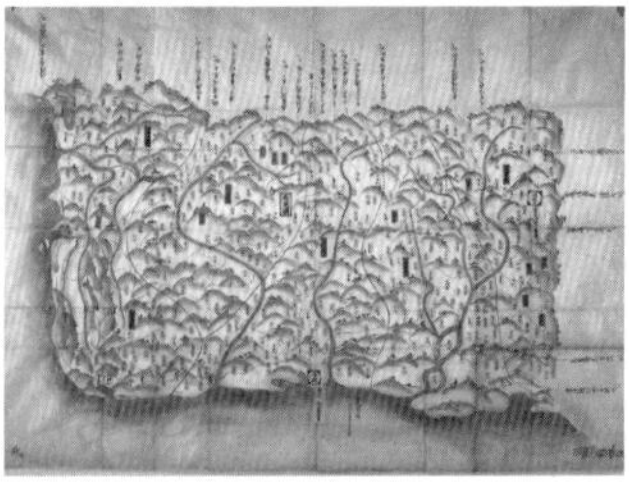

図14　寛永10年中国筋国絵図
（石見国絵図）

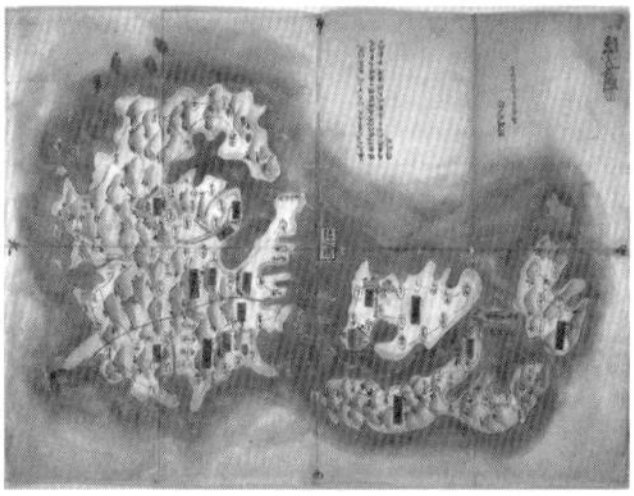

図15　寛永10年中国筋国絵図
（隠岐国絵図）

寛永10年中国筋国絵図（1）

（図10～15、17～23：岡山大学附属図書館〔池田家文庫〕蔵、図16：秋田県公文書館蔵）

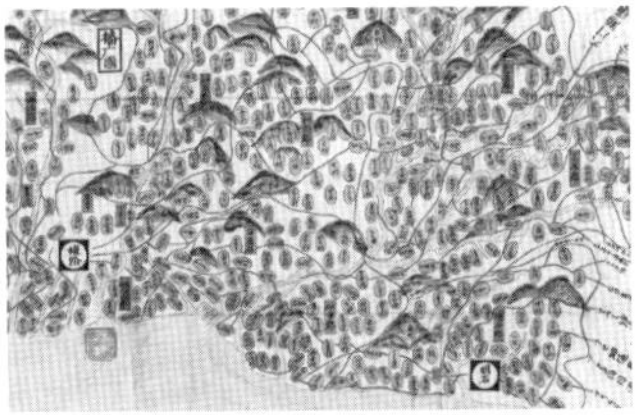

図16　寛永10年中国筋国絵図
（播磨国絵図）

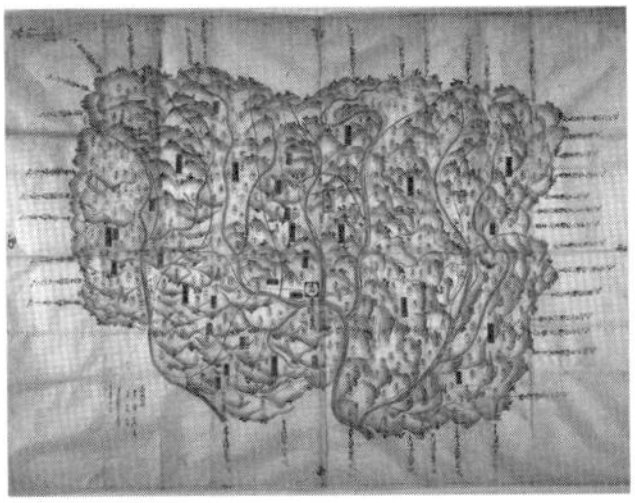

図17　寛永10年中国筋国絵図
（美作国絵図）

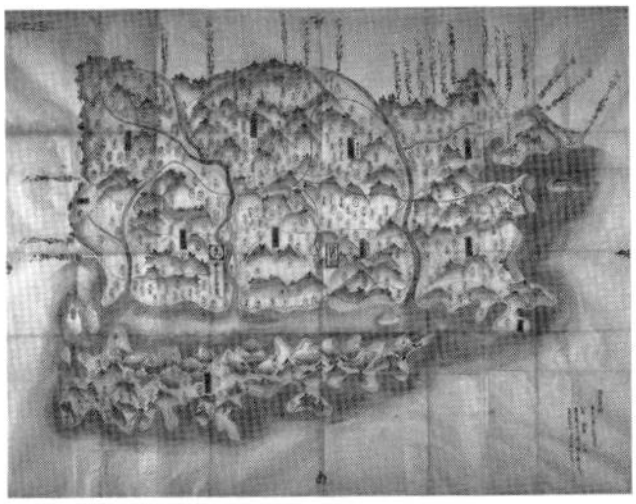

図18　寛永10年中国筋国絵図
（備前国絵図）

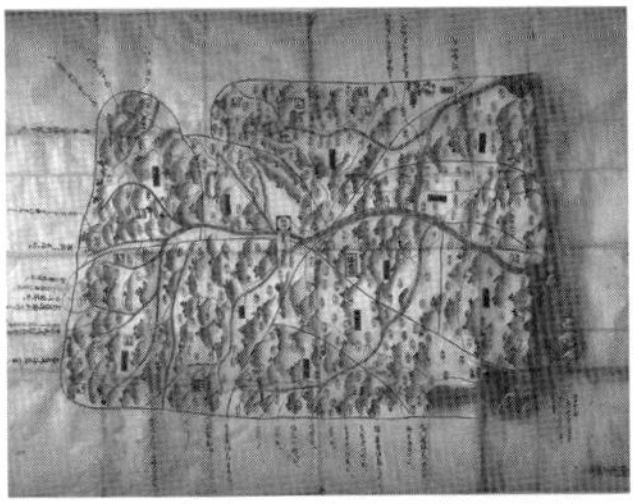

図19　寛永10年中国筋国絵図
（備中国絵図）

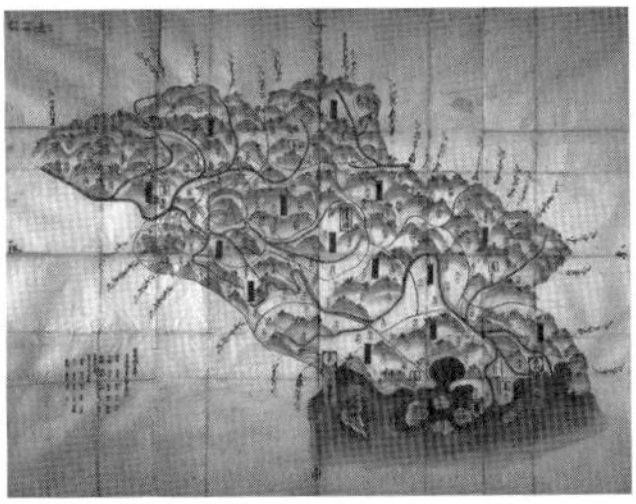

図20　寛永10年中国筋国絵図
（備後国絵図）

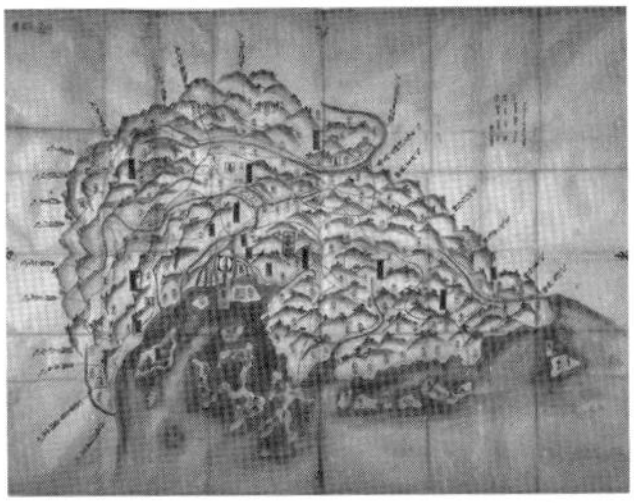

図21　寛永10年中国筋国絵図
（安芸国絵図）

寛永10年中国筋国絵図（2）

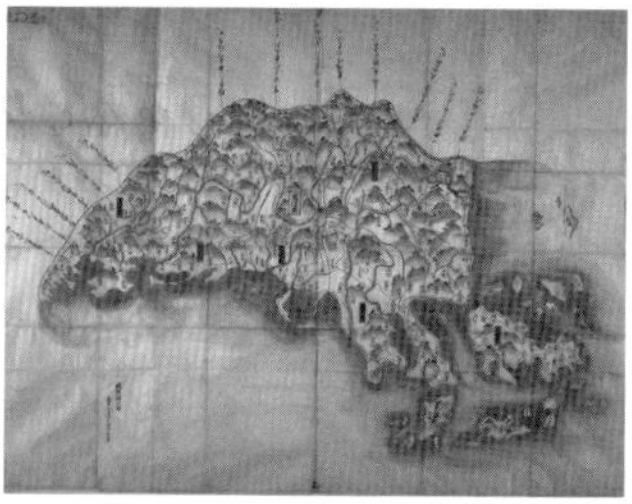

図22　寛永10年中国筋国絵図（周防国絵図）

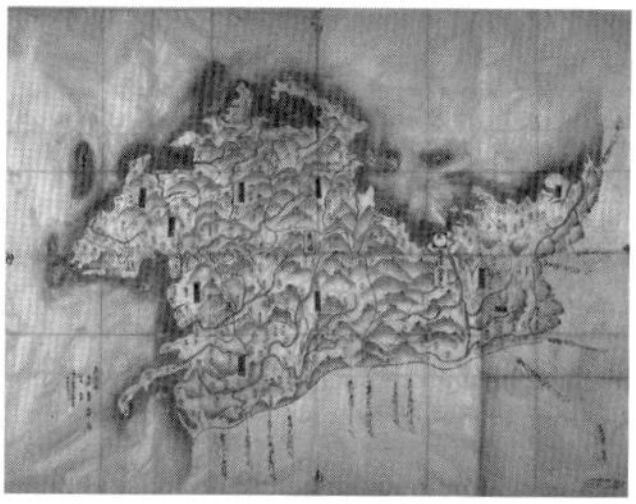

図23　寛永10年中国筋国絵図（長門国絵図）

寛永10年中国筋国絵図（3）

表2　寛永10年中国筋国絵図に見える「居城」「古城」

但馬国絵図（池田家文庫T1-95）	郡名	現在の城跡名	所在地
居城【出石】	出石郡	出石城	豊岡市出石町
古城	気多郡	宵田城	豊岡市日高町
古城	〃	国分寺城	豊岡市日高町
とゝろき古城	美含郡	轟城	豊岡市竹野町

因幡国絵図（池田家文庫T1-103）	郡名	現在の城跡名	所在地
居城【鳥取】	邑美郡	鳥取城	鳥取市東町
古城	岩井郡	桐山城	岩美郡岩美町浦富
鹿野古城	気多郡	鹿野城	鳥取市鹿野町鹿野

伯耆国絵図（池田家文庫T1-104）	郡名	現在の城跡名	所在地
居城【米子城】	会見郡	米子城	米子市久米町
黒坂古城	日野郡	鏡山城	日野郡日野町黒坂
古城	八橋郡	八橋城	東伯郡琴浦町八橋
古城	久米郡	打吹城	倉吉市倉吉
古城	河村郡	松崎城	東伯郡湯梨浜町松崎

出雲国絵図（池田家文庫T1-105）	郡名	現在の城跡名	所在地
居城【末次】	嶋根郡	松江城	松江市殿町
古城	飯石郡	赤名瀬戸山城（衣掛城）	飯石郡飯南町下赤名
古城	〃	三刀屋城（尾崎城）	雲南市三刀屋町古城
古城	仁田郡	亀嵩城	仁多郡奥出雲町亀嵩
古城	能儀郡	富田城	安来市広瀬町富田

石見国絵図（池田家文庫T1-106）	郡名	現在の城跡名	所在地
居城【浜田】	那賀郡	浜田城	浜田市殿町
居城【津和野】	鹿足郡	津和野城	鹿足郡津和野町
古城		記載なし	

隠岐国絵図（池田家文庫T1-77）		現在の城跡名	所在地
居城		記載なし	
古城		記載なし	

播磨国絵図（日本六十余州国々切絵図）	郡　名	現在の城跡名	所在地
居城【姫路】	飾東郡	姫路城	姫路市本町
居城【明石】	明石郡	明石城	明石市明石公園
古城		記載なし	

美作国絵図（池田家文庫T1-94）	郡　名	現在の城跡名	所在地
居城【津山】	西北条郡	津山城	津山市山下
古城		記載なし	

備前国絵図（池田家文庫T1-61）	郡　名	現在の城跡名	所在地
居城【岡山】	御野郡	岡山城	岡山市北区丸の内
古城		記載なし	

備中国絵図（池田家文庫T1-86）	郡　名	現在の城跡名	所在地
居城【松山】	上房郡	松山城	高梁市内山下
八幡山古城	賀夜郡	八幡山陣跡	岡山市北区大崎・和井元
加らや山古城	〃	冠山城	岡山市北区下足守
忍山古城	〃	忍山城	岡山市北区上高田
古城	〃	備中高松城	岡山市北区高松
塩志ろ古城	英賀郡	塩城山城	新見市上熊谷
とりは古城	哲多郡	楪城	新見市上市
加う志ろ古城	〃	岩高城?	新見市哲西町上神代
服部古城	〃	西山城?	新見市哲西町八鳥
笠岡古城	小田郡	笠岡城	笠岡市笠岡
片嶋古城	浅口郡	片島城	倉敷市片島町

備後国絵図（池田家文庫T1-96）	郡　名	現在の城跡名	所在地
居城【福山】	深津郡	福山城	福山市丸之内
居城【三原】	御調郡	三原城	三原市城町（福島正則の6支城）
古城	奴可郡	大富山城	庄原市西城町
古城	〃	五品嶽城	庄原市東城町（福島正則の6支城）
古城	三次郡	尾関山城	三次市三次町（福島正則の6支城）
古城	御調郡	千光寺山城	尾道市東土堂町
古城	沼隈郡	鞆城	福山市鞆町（福島正則の6支城）
古城	安那郡	神辺城	福山市神辺町（福島正則の6支城）

安芸国絵図（池田家文庫T1-97）	郡　名	現在の城跡名	所在地
居城【広島】	佐東郡	広島城	広島市中区基町
古城	高田郡	郡山城	安芸高田市吉田町
古城	安北郡	高松城	広島市安佐北区可部
廿日市古城	佐西郡	桜尾城	廿日市桜尾本町
古城	〃	亀居城	大竹市小方（福島正則の6支城）
向なた古城	安南郡	仁保城	広島市南区黄金山町
古城	〃	不明（比治山）	広島市南区比治山町

周防国絵図（池田家文庫T1-99）	郡　名	現在の城跡名	所在地
居城		記載なし	
岩国古城	玖珂郡	岩国城	岩国市横山
松崎古城	熊毛郡	三丘嶽城?	周南市小松原
下松古城	都濃郡	下松城	所在不明
山田（口）古城	吉敷郡	高嶺城	山口市上宇野令

長門国絵図（池田家文庫T1-98）	郡　名	現在の城跡名	所在地
居城【萩】	阿武郡	萩城	萩市堀内
府中古城	豊東郡	櫛崎城	下関市長府宮崎町

★絵図に表現された「古城」を周知の城跡に比定し、代表的な城跡名を記した。なお、「古城」には、近代以降、形状が変わったり、既に消滅したものもあり、所在比定には今後も検討が必要である。所在比定に疑問が残るものには? を付した。国絵図の名称は『松江市史』史料編11「絵図・地図」による。

七. おわりに

幕府御文庫に収納された出雲国絵図を見ると、近世初期の一〇年あまりの間に作成された寛永十年（一六三三）、寛永十五年（一六三八）、正保二年（一六四五）で、「古城」の表記が大きく変わっていくことが分かる。

寛永十年の出雲国絵図は、幕府巡見使を通して徴集されたもので、巡察では元和の「一国一城令」の遵守の確認に注意が払われたとされる。国絵図に記された「古城」は富田、三刀屋、赤穴、亀嵩の四か所（富田城跡、三刀屋城跡、赤名瀬戸山城跡、亀嵩城跡）であり、これは「一国一城令」で廃された城（堀尾氏の出雲支配における支城）を表記していると考えられる。

寛永十五年の出雲国絵図の「古城」は、富田、赤穴、亀嵩のほか、三澤、白鹿、新山、和久羅山など（富田城跡、赤名瀬戸山城跡、亀嵩城跡、三澤城跡、白鹿城跡、真山城跡、和久羅山城跡など）十一か所に表記があり、寛永十年図より増えている。島原の乱をきっかけとして、一国一城という原則の中で、軍用的に利用価値のある「古城」を詳しく把握しておく必要が生じたことや、城郭破壊の徹底が求められた結果なのではなかろうか。

正保の出雲国絵図での「古城」は、「富田古城」「三刀屋古城」「赤名古城」と、単に「古城」と表記された亀嵩、三澤、白鹿、新山、和久羅山、本宮山など計三十一か所あり、寛永十五年の出雲国絵図より更に増えている。全国一斉の本格的な国絵図事業として作成された正保の国絵図では、軍事・交通上の内容が一層重視されており、軍事的利用価値の高い「古城」がさらに詳しく記載された可能性がある。

以上のように、わずか一〇年の間に出雲国絵図に記された「古城」表記場所は大きく変わる。これは、「一国一城令」遵守（居城以外の城郭破壊＝堀尾氏の支城廃絶）の確認から、軍用的に利用価値のある「古城」の把握・城郭破壊の徹底など、幕府の要請が変化したことが背景にあるのかもしれない。宝永期（元禄期）・天保期の出雲国絵図にも、正保出雲国絵図と同様の場所に「古城（跡）」がみられることは、形式的になったとはいえ、幕府には「古城」を把握し続ける意図があったことを意味している。

寛永十年（一六三三）の幕府収納国絵図は、岡山大学附属図書館、秋田県公文書館などから詳細図が広く公開されている。これらを用いて、中国筋十四か国の国絵図に記された居城と「古城」について現存する城跡との照合を行ったが、出雲国絵図での検討に基づけば、他の寛永十年中国筋国絵図の場合も、巡見使による「一国一城令」順守の見届け地点と考えるのが順当なのかもしれない。国絵図に表記された「古城」が近世の人々にとってどのように把握され、扱われていたかは城郭史研究の一視角であり、今後とも地域ごとの検討が必要であろう。

注

第二章

（1）川村博忠一九八四『江戸幕府撰国絵図の研究』古今書院、同一九九〇『国絵図』吉川弘文館、同二〇一〇『江戸幕府の日本地図―国絵図・城絵図・日本図』吉川弘文館、同二〇一二「寛永期に2度作成された中国筋国絵図―寛永一〇、一五年出雲国絵図の比較―」『松江市歴史叢書5（松江市史研究3）』）松江市教育委員会、同二〇一三『江戸幕府撰日本総図の研究』古今書院

（2）松江市史編集委員会二〇一八「松江城」別編1『松江市史』松江市（以下、『松江市史』「松江城」）、中井均編二〇二〇『松江城』（山陰名城叢書2）ハーベスト出版

（3）（1）に同じ

（4）（1）に同じ。東京大学総合図書館（南葵文庫）には紀州徳川家に伝来した中国十四か国の国絵図がある。岡山大学附属図書館（池田家文庫）には岡山池田家に伝来した尾張国、播磨国を欠く全国の国絵図がある。秋田県公文書館には秋田佐竹家に伝来した全国の国絵図「全国六十余州国々切絵図」がある。山口県文書館（毛利家文庫）には萩毛利家に伝来した全国の国絵図がある。高知城歴史博物館（旧土佐山内家宝物資料館）には土佐山内家に伝来した国絵図がある。京都大学附属図書館には幕府京都大工頭中井家に伝来した若狭国を欠く全国の

国絵図がある。熊本大学附属図書館（永青文庫）には細川家に伝来した国絵図がある。名古屋市蓬左文庫には尾張徳川家に伝来した国絵図がある。

（5）（1）に同じ

（6）松江市史編集委員会二〇一四『松江市史』史料編11「絵図・地図」松江市（以下、『松江市史』「絵図・地図」）

（7）川村博忠二〇一二「寛永期に2度作成された中国筋国絵図－寛永十、十五年出雲国絵図の比較－」『松江市歴史叢書5』松江市教育委員会。出雲国絵図を集成した『松江市史』「絵図・地図」では、寛永十年の幕府収納図として「出雲国図」（東京大学総合図書館蔵・南葵文庫）、「出雲国図」（岡山大学附属図書館蔵・池田家文庫）、寛永十五年の図として「寛永出雲国絵図」（島根県立古代出雲歴史博物館蔵）、正保二年の図として「正保出雲国・隠岐国絵図」（島根県立古代出雲歴史博物館蔵）、宝永七年の図として「宝永出雲国絵図（元禄出雲国絵図）」（島根大学附属図書館蔵）、天保九年の図として「天保国絵図出雲国」（国立公文書館蔵）を掲載する。元禄出雲国絵図の原本、写本は残っていないが、宝永七年（一七一〇）に出雲国へ派遣された国目付に提出するために松江藩は「元禄出雲国絵図」を半分の縮尺に縮めた模写図を仕立てたようで、元禄図の様子を知ることができる。

（8）中井均二〇一二「堀尾氏の出雲支配における支城について（1）－三刀屋尾崎城」『松江城研究1』、中井均二〇一三「堀尾氏の出雲支配における支城について（2）－赤名瀬戸山城」『松江城研究2』、中井均二〇一六「堀尾氏の出雲支配における支城について（3）－亀嵩城と三沢城」

『松江市歴史叢書9』、『松江市史』「松江城」、中井均編二〇二〇『松江城』（山陰名城叢書2）ハーベスト出版

（9）西尾克己・稲田信・福井将介二〇一四「江戸幕府収納の出雲国絵図に記された『古城』について」『松江歴史館研究紀要4』松江歴史館

（10）亀嵩城は仁多郡奥出雲町亀嵩に所在する山城で、国人領主三沢為清が天正五年に隠居のため移り住み、のち三沢氏の本城となったとされる。亀嵩城と堀尾氏との関係については、覚融寺に伝わる宝永二年（一七〇五）の史料（「仁多郡中湯野村運龍山覚融寺書出帳写」島根県立図書館蔵）に、「一堀尾山城様御代前田丹波殿、堀尾但馬殿亀嵩之城一覧之上ニテ丹後、（備後カ）伯耆之境目自然諸国動乱之節御番衆為被入置為御用意当寺御建立被成竹林三九郎共申仁ニ普請奉行被仰付候之由、其寺ハ四拾ヶ年已前大雪風ニ破損仕候」とある。堀尾氏の重臣堀尾但馬と前田丹波が亀嵩城を巡察し、備後・伯耆方面への備えとして山麓の覚融寺を整備させるなど、この地を重視していたことが伺える。慶長九年（一六〇四）、堀尾家臣の落合貞親と小瀬甫庵（土肥甫庵）が覚融寺に所領寄進を行った史料（「覚融寺文書」）もある。「出雲・隠岐堀尾山城守家中給地帳」（「春光文書」京都・春光院蔵）によれば覚融寺には仁多郡で最も多い八石、青龍寺には五石が給されている。少ない文献史料の中ではあるが、堀尾氏は備後・伯耆方面への備えを行うとともに、三沢氏、毛利氏（冷泉氏）に続いて仁多郡統治の拠点として覚融寺、青龍寺及びその周辺を整備し、亀嵩城を支城としていたと考えられる。

（11）『松江市史』「松江城」第十一章「堀尾古記」。「堀尾古記」は一部欠損しているが、堀尾但馬

は寛永十年条（十五丁裏・前欠）の中で、「[□□□□、林丹波／五畿内　并四国　紀伊　伊勢［溝口伊豆　川橋丹波　牧野織部／東海道　西ハ美濃　飛騨　東ハ安房　上総　下総［小出大隅　永井監物　桑山内匠」と、溝口伊豆ら五畿・南海分担、小出大隅ら関東分担、林丹波ら北国分担の寛永十年巡見上使の名前を記しており、幕府の巡察にあたり情報収集に努めていたことが分かる。寛永十年九月二十日に藩主堀尾忠晴が嗣子無いまま没したために堀尾氏は改易となり、同年十一月三日に家臣たちは屋敷を明け渡している。

(12) 出雲国絵図の場合、「寛永国絵図」などと一括されている場合でも、「古城」記載地を確認することで寛永十年と十五年の絵図に区別することが可能である。また、寛永十年図から寛永十五年出雲国絵図で増えた「古城」をみると、実戦を意識し、居城を中心に要所を押さえる要の城という印象をもつ。

(13) （1）に同じ

(14) 松江藩主家であった松平家に伝来した「綱近年譜 下」（島根県立図書館蔵）には、「（綱近）同月（元禄十年五月）二十一日、祖父直政 正保二年 借二 於所ノレ附スルレ官ニ之地図ヲ一、以テ 校二正ス 於雲州之地図ヲ二」（同月二十一日、祖父直政、正保二年、官に附する所の地図を借り、以て 雲州之地図を校正す）とある。直政は正保二年に正保期の国絵図等を幕府に納めたこと、元禄期の出雲国絵図は正保期出雲国絵図を借り受け校正したことが分かる。

(15) 『松江市史』「絵図・地図」、島根大学附属図書館編二〇一二『島根の国絵図－出雲・石見・隠岐』など。なお、松江藩は「御立山」と呼ばれる藩直轄の山林を領内各所に確保しており、設置理由の一つとして、幕府収納出雲国絵図に記された「古城」など軍事的要衝地との関連を考慮していく必要がある。

(16)（6）に同じ

(17)城郭、藩名称は、『松江市史』「松江城」、西本省三ほか編一九八〇『日本城郭体系13　広島・岡山』、山根幸恵ほか編一九八〇『日本城郭体系14　鳥取・島根・山口』新人物往来社、木村礎ほか編一九八九『藩史大辞典　第5巻　近畿編』、木村礎ほか編二〇〇二『藩史大事典　第6巻　中国・四国編』雄山閣などを参考に付した。池田家文庫の寛永十年国絵図は、岡山大附属図書館池田家文庫絵図公開データベースシステムで詳細図が公開されている。

(18)「日本六十余州国々切絵図」は、デジタルアーカイブ秋田県立公文書館「日本六十余州国々切絵図」で詳細図が公開されている。

第三章　近世出雲国の居城名称に関する一考察
―松江城はいつから「松江城」と呼ばれるようになったのか―

一．はじめに

今日、松《まつ》江《え》城《じょう》と呼ばれる近世城郭は、堀尾氏、京極氏、松平氏と続く近世出雲国の国主（太守、藩主）が居する居城《きょじょう》として機能したが、いつから「松江城」と呼ばれるようになったのだろうか。慶長十六年（一六一一）正月吉祥日に天守完成の祈祷が行われ、やがて城郭の全容が整ったと考えられる松江城は、創建時より「松江城」と呼ばれていた、と私たちは漠然と理解し、用いてきた。果たしてそうであろうか。ここでは、幕府収納出雲国絵図、幕府が編集した日本総図（江戸幕府撰日本総図）、文献史料などから、近世出雲国の居城名称について考察する。

二．幕府収納出雲国絵図に記された「末次城《すえつぐじょう》」と「松江城」

幕府収納国絵図は、基本的な図示内容と絵図様式が全国的に統一されている。幕府が諸国の国絵図を収納したのは慶長期、正保期、元禄期、天保期であり、寛永期にも二度の収納（寛永十年、十五年）があった（1）。幕府の地図事業に基づく出雲国絵図は、寛永十年（一六三三）、寛永十五年（一六三八）、正保二年（一六四五）、宝永七年（一七一〇）、天保九年（一八三八）の絵図が残っている（2）。

幕府収納国絵図には、居城名称が記されており、出雲国絵図の場合も同様である。

出雲国絵図に記された居城名称を年代順に並べてみると、寛永十年出雲国絵図（3）では「末次城」（図1、口絵4）、寛永十五年出雲国絵図では天守の景観描

図1　寛永10年の出雲国絵図に描かれた「居城」（末次城）
（東京大学総合図書館〔南葵文庫〕蔵「出雲国図」）

写（図2）、正保二年出雲国絵図では「松江城」（図3、口絵6）、宝永七年出雲国絵図では「松江城」（図4）、天保九年出雲国絵図では「松江城」（図5）と記されている。

　地図は実用に供されるもので行政実務などに欠かせないものではあるが、幕府収納国絵図は、国家支配の基本図として実用目的を越えて、地図を作成すること自体が政権の証として捉えられる側面があり、記述内容には信憑性や正当性が求められた。

　幕府に収納された出雲国絵図を見る限り、寛永十年時点では出雲国の居城名称は「末次城」と呼ばれていたが、遅くとも正保二年には「松江城」と呼ばれるようになっていた、と理解できる。

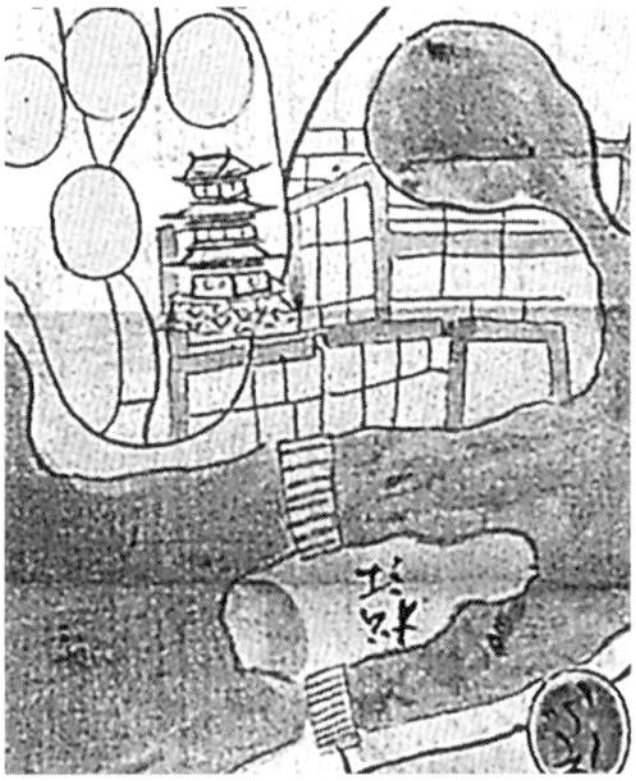

図2　寛永15年の出雲国絵図に描かれた「居城」（景観描写）
（島根県立古代出雲歴史博物館蔵「寛永出雲国絵図」）

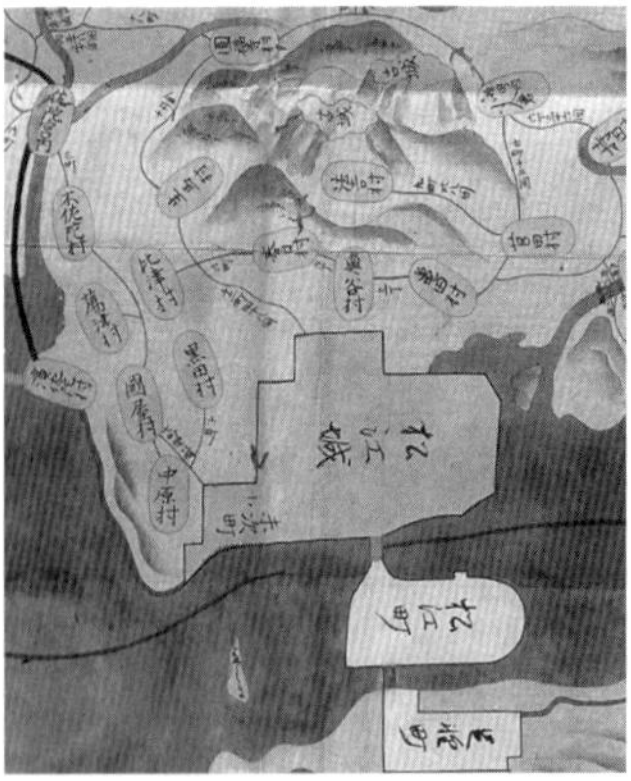

図3　正保2年の出雲国絵図に描かれた「居城」（松江城）
（国立公文書館蔵「正保出雲国隠岐国絵図」）

三、寛永十年、寛永十五年、正保二年の出雲国絵図作成の背景

寛永十年（一六三三）、幕府は初めて全国へ巡見使《じゅんけんし》（国廻り上使）を派遣して国情の巡察を行った。国廻りは三人一組の六班（畿内・南海、関東・東海、中国、九州、北国、奥州・出羽）が組まれ、巡察を通じて諸国の国絵図が徴集された。巡見使の主要な任務は諸国の政情監察、道筋と国境の見分、それにいわゆる「一国一城令《いっこくいちじょうれい》」遵守の見届け、古城の見分であったとされている。この巡見使を通して幕府に収納された国絵図では、大名の居城表現に◙図式（惣構方郭型）を用いて居城名称を記している（図1、口絵4）。

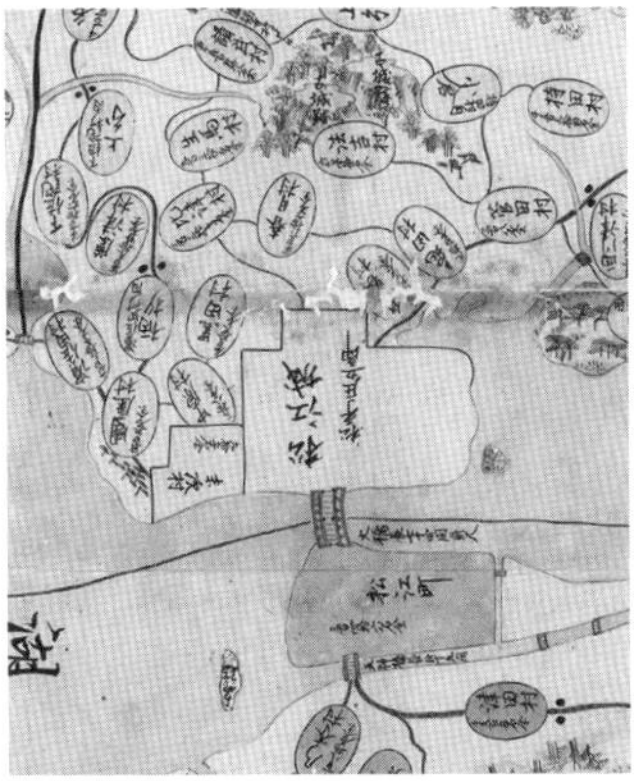

図4　宝永7年の出雲国絵図に描かれた「居城」（松江城）
（島根大学附属図書館蔵「宝永出雲国絵図（元禄出雲国絵図）」）

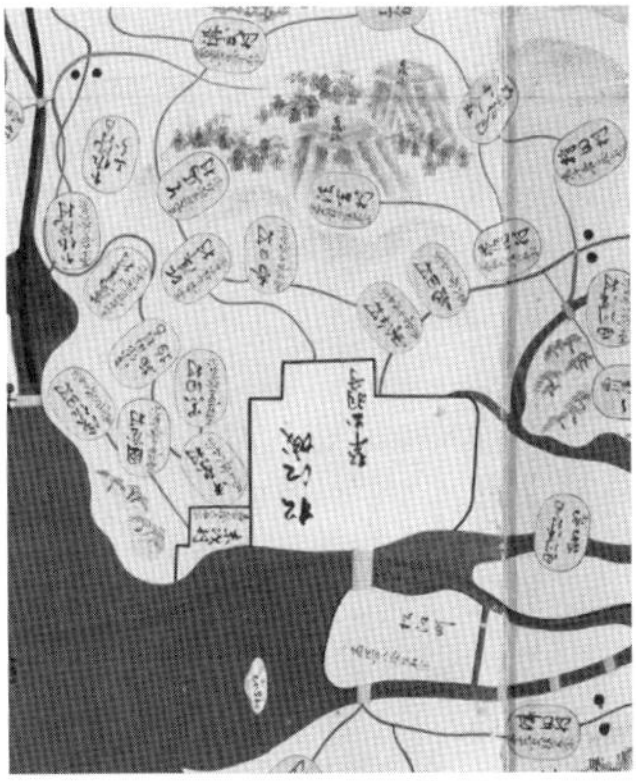

図5　天保9年出雲国絵図に描かれた「居城」（松江城）
（国立公文書蔵館「天保国絵図出雲国」）

堀尾氏の重臣である堀尾但馬が記した「堀尾古記《ほりおこき》」寛永十年の記事によれば、巡見使出雲入国に先立ち、但馬が伯耆国米子《よなご》へ「出雲ノ絵図」を持参し、出雲国の様子を伝えたことが知られている(4)。記録にある「出雲ノ絵図」こそ、巡見使に提出（献上）された国絵図と同様の絵図（控、写など）であろう。

今日伝わる寛永十年の出雲国絵図は、堀尾氏が幕府巡見使に提出した絵図を基に作成されたと考えられており(5)、東京大学総合図書館所蔵の寛永十年「出雲国図」に記された「末次城」は、堀尾氏の居城名称と考えるのが合理的である。

その後、島原《しまばら》の乱《らん》（島原・天草一揆）（寛永十四年十月〜寛永十五年二月）での軍勢派遣の経験から、幕府は寛永十年の中国筋国絵図は交通情報が不足していたとし、寛永十五年（一六三八）に中国筋諸国（但馬、因幡、伯耆、出雲、石見、隠岐、播磨、美作、備前、備中、備後、安芸、周防、長門）に限って急ぎ絵図の提出を求めた(6)。

寛永十五年からわずか六年後の正保元年（一六四四）、将軍徳川家光の命で全国一斉の本格的な国絵図事業が開始された。正保国絵図事業の特徴は、将軍と幕府の威信を諸大名に示し、領国や居城は将軍からの預かりものであることを知らしめることにあり、国絵図、郷帳《ごうちょう》とともに城絵図《しろえず》、道帳《みちのちょう》の提出が求められた。幕府はきめ細かな作成基準を示し、縮尺や様式の全国的統一を図っている(7)。

正保期の出雲国絵図として、国立公文書館所蔵の「正保出雲国隠岐国絵図」(**図3、口絵5**)、島根県立古代出雲歴史博物館所蔵の「正保出雲国・隠岐国絵図」(**図6**)があるが(8)、いずれも居城名称は「松江城」と記されている。また、国絵図とともに提出された「出雲国松江城絵図(正保城絵図)」(国立公文書館蔵)(**図7**)には、「出雲国松江城松平出羽守」とあり、居城名称と提出者(松平出羽守直政＝絵図元)の名が記されている(**図8**)。

正保期の絵図については、松江松平家に伝来した「綱近年譜　下(元禄十年五月二十一日条)」(島根県立図書館蔵)には、「同月二十一日、祖父直政　正保二年　借二於所レ附スルレ官ニ之地図ヲ一、以テ校二正ス於雲州之地図ヲ一」と記されている。松平直政は、正保二年(一六四五)に出雲国の「地図」(国絵図)などを幕府に提出(献上)していた。

(幕府収納出雲国絵図、「正保城絵図」については、第一、二章を参照)

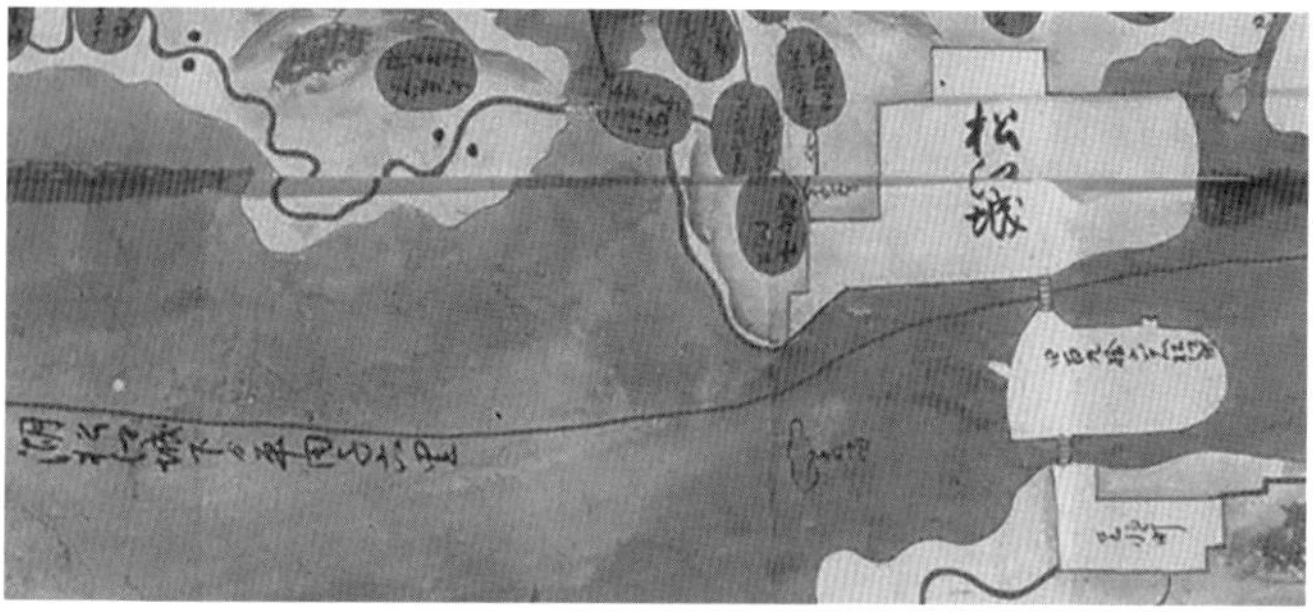

図6　正保2年の「正保出雲国・隠岐国絵図」（島根県立古代出雲歴史博物館蔵）に描かれた「居城」

本図では大橋北側に「松江城」、大橋と天神橋の間に石高496石の「松江町」、天神橋の南側に「足軽町」を記す。図3「正保出雲国隠岐国絵図」（国立公文書館蔵）では、大橋北側に「末次町」も記す。二つの絵図から、城下町域を「松江城」「末次町」「松江町」「足軽町」と区分けしていることが分かる 。

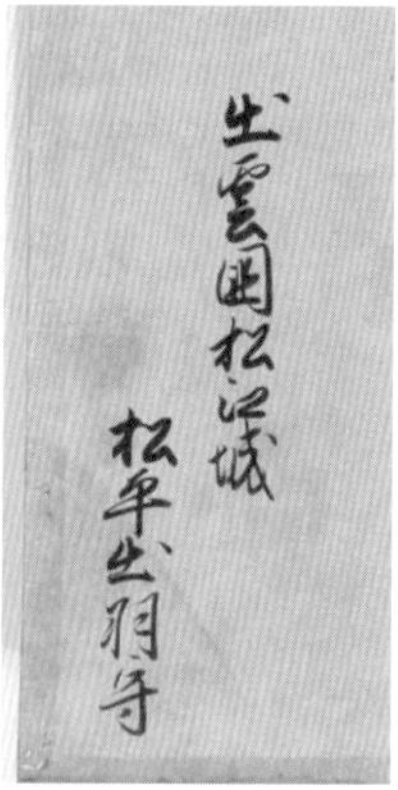

図8
「出雲国松江城絵図」
に記された 居城名称
と提出者名

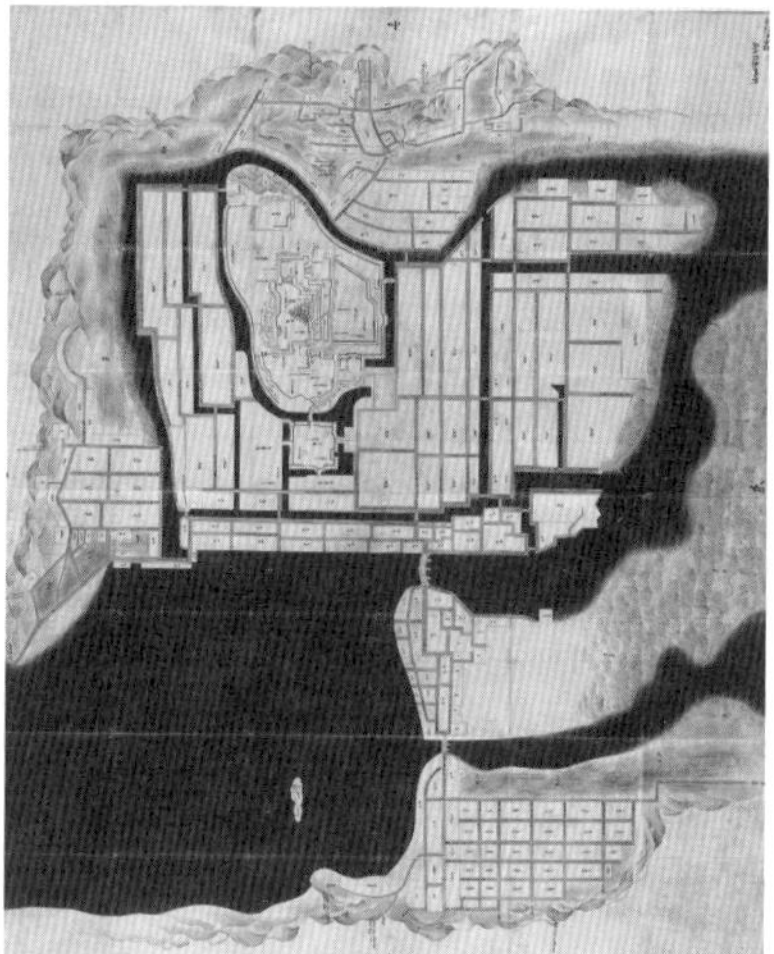

図7　「出雲国松江城絵図
（正保城絵図）」（国立公文書館蔵）

四．寛永期の日本総図に記された「末次」と「松江」

寛永期には、寛永十年日本図（A型）、寛永十五年日本図（B型）の二種類の日本総図が幕府により編集されていた。寛永十年日本図は、寛永十年に幕府が巡見使を通して徴集した国絵図（寛永十年国絵図）を編集したもので、原本は寛永十～十三年（一六三三～三六）頃に完成したとされる。一方、寛永十五年日本図は、島原の乱後の寛永十五年（一六三八）に中国筋などから国絵図を徴集し（寛永十五年国絵図）、軍用的見地で急遽作成されたもので、原本は製作着手から約一年後の寛永十六年（一六三九）には完成したとされる。寛永十年日本図（A型）は、佐賀県立図書館（蓮池《はすいけ》文庫）所蔵の「日本之図」（図9）などがあり、寛永十五年日本図（B型）は、国立国会図書館所蔵の「日本図」（図11）、岡山大学附属図書館（池田家文庫）所蔵の「日本大絵図」（図13）などが知られている[9]。

この二種類の日本総図を見ると、寛永十年日本図中でもっとも目立つのは朱色の四角形で表される城所（居城）の図示である。その表現はやや大きな□印（城形）で表し、枠内を赤く塗りつぶしている。佐賀県立図書館蔵「日本之図（中国・四国・九州地方）」

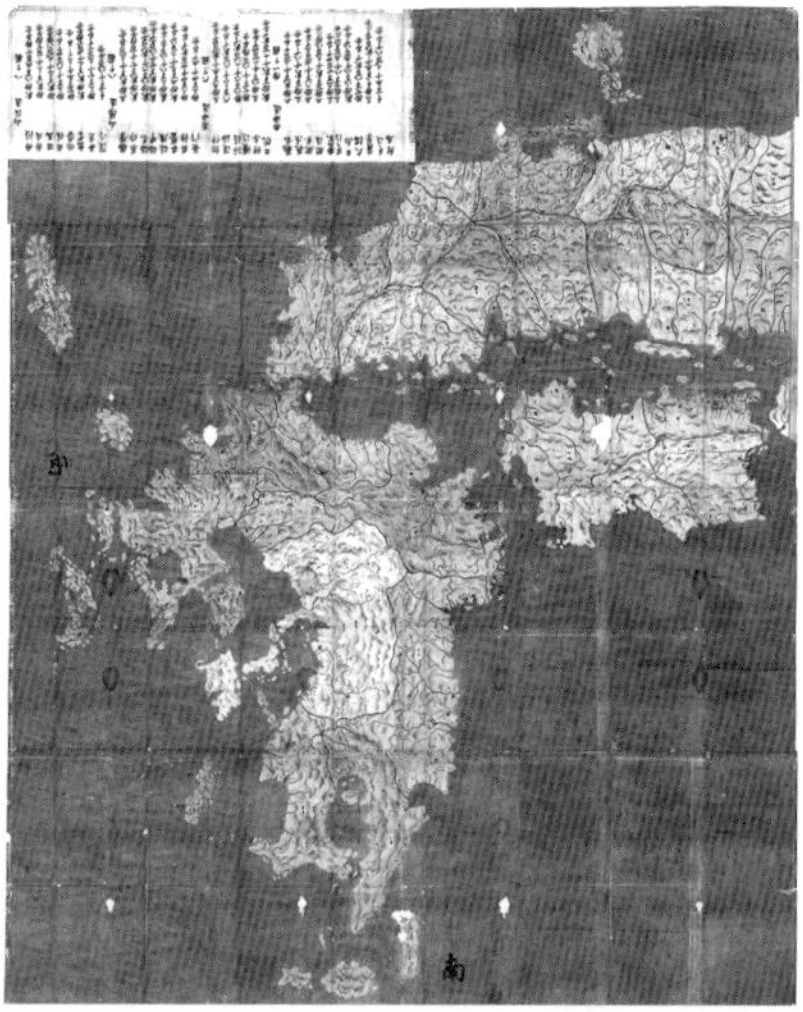

図9　寛永10年日本図
（佐賀県立図書館蔵「日本之図〔中国・四国・九州地方〕」）

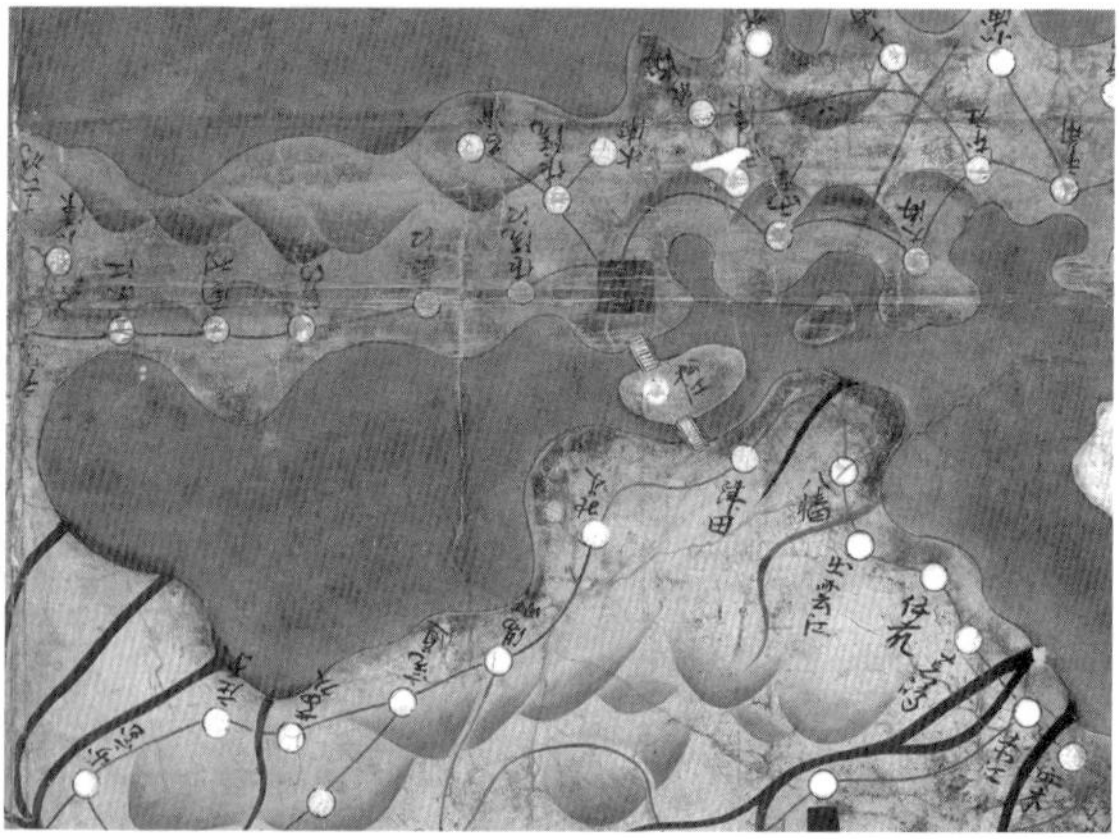

図10　寛永10年日本図部分
（佐賀県立図書館蔵「日本之図〔中国・四国・九州地方〕」）

で出雲国を見ると、城形の枠内に城名、「末次」と記されている（**図10、口絵7**）。

一方、寛永十五年日本図では、諸大名の居城を四角形の□印（無色）で表し、城名を四角形の枠外に記している。出雲国を見ると、国立国会図書館蔵「日本図」では四角形の枠外に「枀江」（**図12**）、岡山大学附属図書館蔵「日本大絵図」では四角形の枠外に「松へ」（**図14、口絵8**）と記されている(10)。

このことから、寛永十年日本図（A型）の原本が完成したとされる寛永十〜十三年頃も出雲国の城所（居城）名称は「末次（城）」と呼ばれていた可能性があり、寛永十五年日本図（B型）の原本が完成したとされる寛永十六年頃までには、「松江（城）」と呼ばれるようになっていた可能性が考えられる。

出雲国の国主の在任期間を見ると、寛永十年九月までは堀尾忠晴、寛永十一年（一六三四）閏七月から寛永十四年（一六三七）六月までは京極忠高、島原の乱終結と重なる寛永十五年（一六三八）二月から寛文六年（一六六六）までは松平直政である。

なお、正保国絵図を編集した国立歴史民俗博物館（秋岡コレクション）蔵「正保日本図」（寛文十年［一六七〇］頃）でも、出雲国の城所（居城）名称として「松江」と記されている(11)（**図15**）。

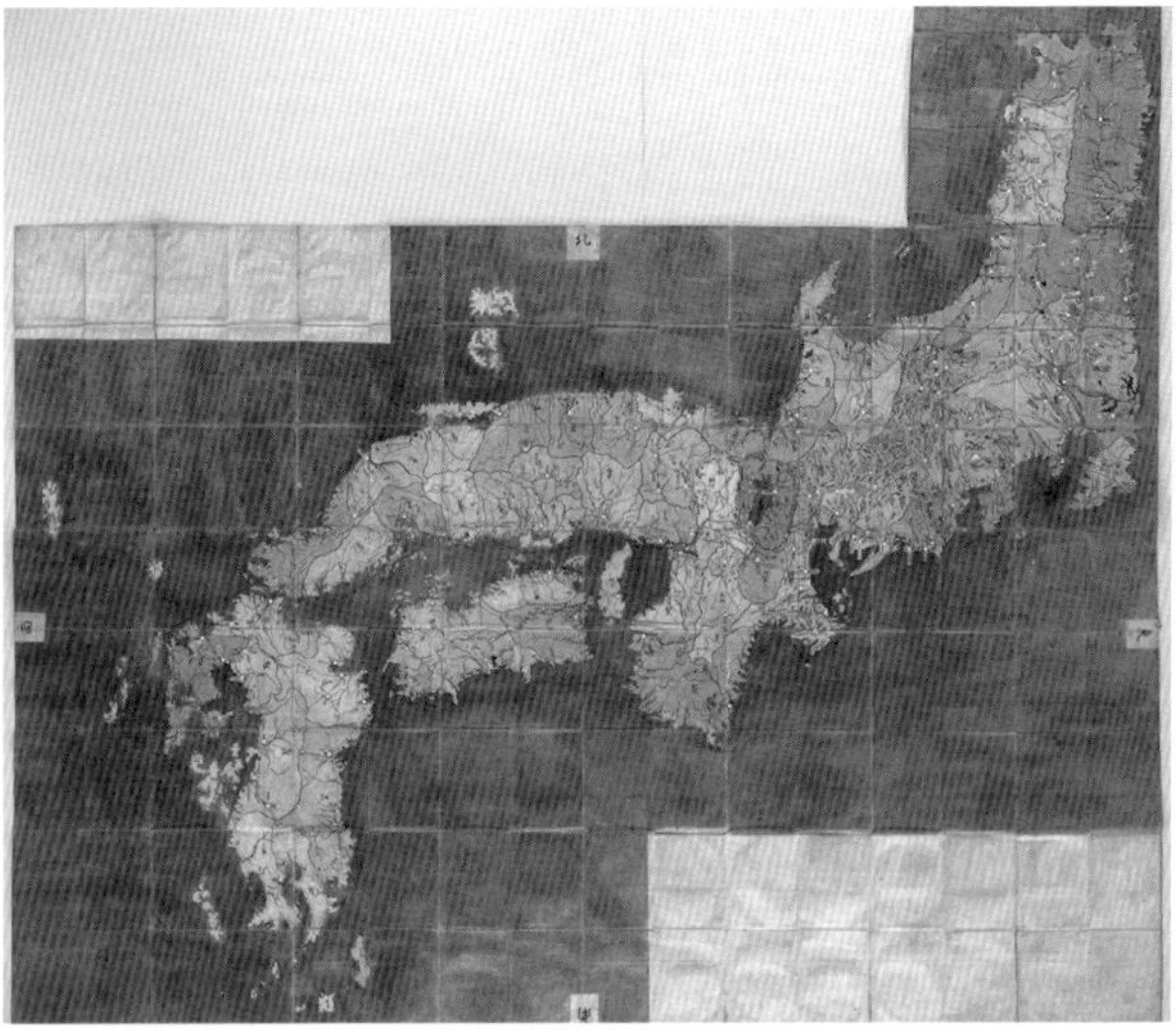

図11　寛永15年日本図（国立国会図書館蔵「日本図」）

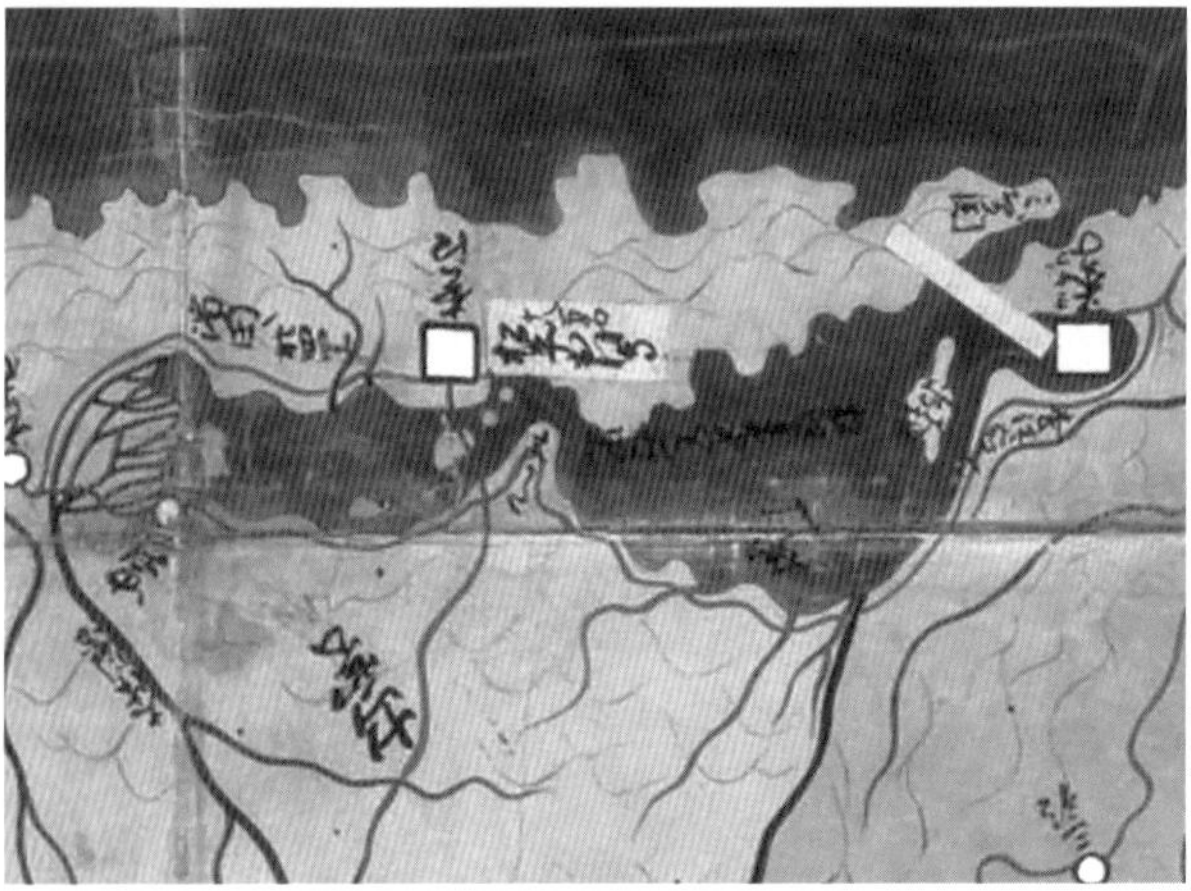

図12　寛永15年日本図部分（国立国会図書館蔵「日本図」）

図13　寛永15年日本図
（岡山大学附属図書館〔池田家文庫〕蔵「日本大絵図」）

図14　寛永15年日本図部分
（岡山大学附属図書館〔池田家文庫〕蔵「日本大絵図」）

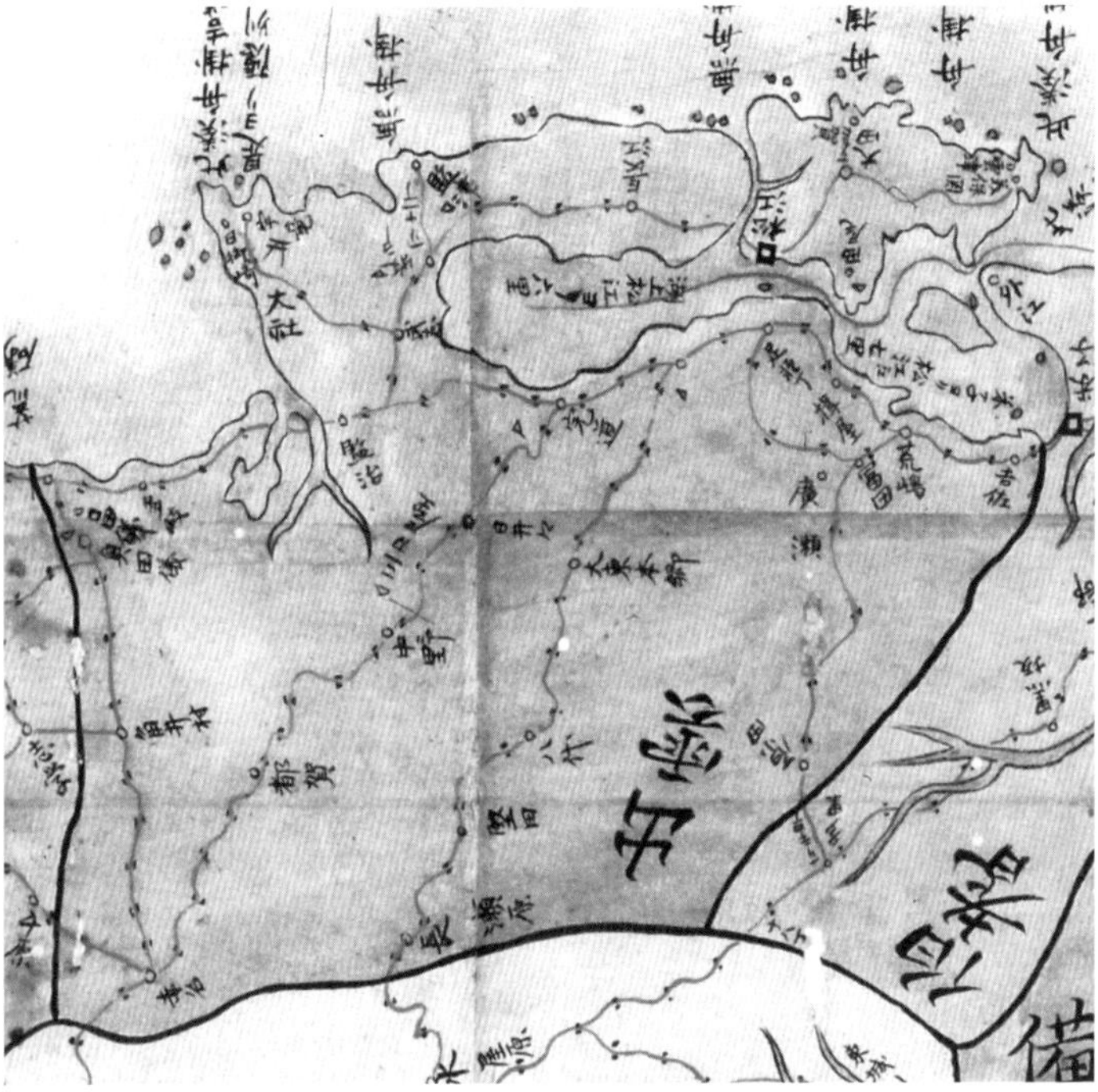

図15　正保日本図の出雲国部分
（国立歴史民俗博物館〔秋岡コレクション〕蔵）

五．絵図から見た出雲国の居城名称

幕府収納出雲国絵図を見る限り、寛永十年（一六三三）時点では「末次城」と呼ばれていた出雲国の居城名称は、遅くとも正保二年（一六四五）には「松江城」と呼ばれるようになっていたと確認できる。また、寛永期の日本総図を見る限り、寛永十～十三年（一六三三～三六）頃まで「末次（城）」と呼ばれていた出雲国の居城名称は、寛永十六年（一六三九）頃までには「松江（城）」と呼ばれるようになっていた可能性が考えられる。

古代出雲歴史博物館所蔵の寛永十五年出雲国絵図（図2）では、天守の景観描写のみで居城名称は記されていないが、寛永十五年備前国絵図とされる岡山大学附属図書館（池田家文庫）所蔵の「備前国九郡絵図」（図16）では、天守の景観描写とともに居城名称として「岡山居

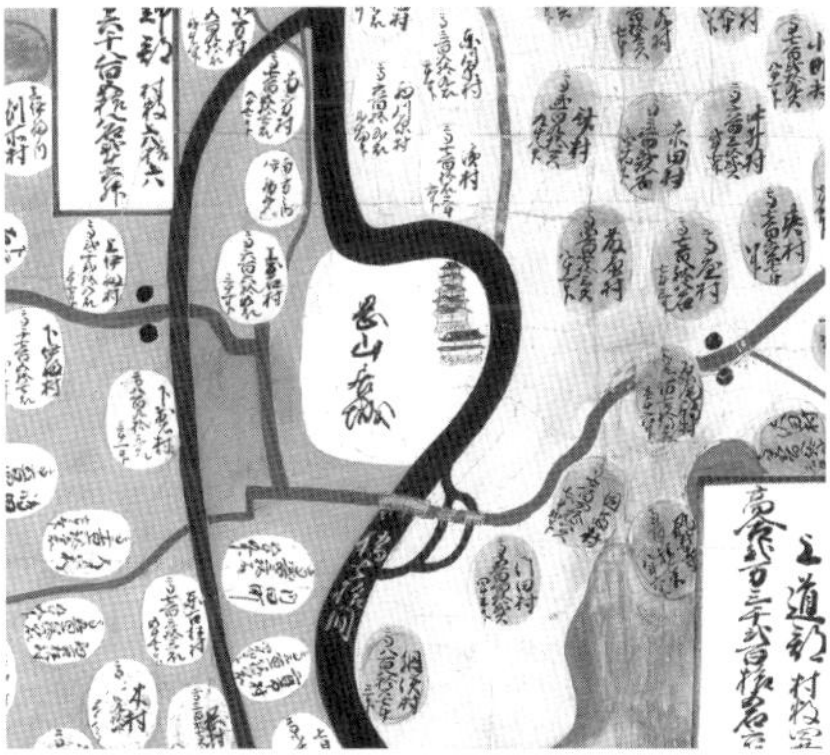

図16　寛永15年備前国絵図とされる
「備前国九郡絵図」部分
（岡山大学附属図書館〔池田家文庫〕蔵）

城」と表記されている。寛永十五年（一六三八）に作成された出雲国絵図でも、原図などには居城名称が記されており、寛永十五年日本図（B型）に反映された可能性も考えられるのだろうか。

　ところで、松江藩から幕府へ提出された城郭《じょうかく》（石垣）修補願《しゅうほねがい》の絵図にも居城名称が記されている。現存する最も古い城郭修補願絵図は、延宝二年（一六七四）の「出雲国松江城之絵図」（図17）であり、他の修補願絵図にも、「出雲国松江之城石垣」や「出雲国松江本城」などの表記が認められる(12)。

　いずれも正保出雲国絵図が提出された正保二年より後のものであるが、幕府へ

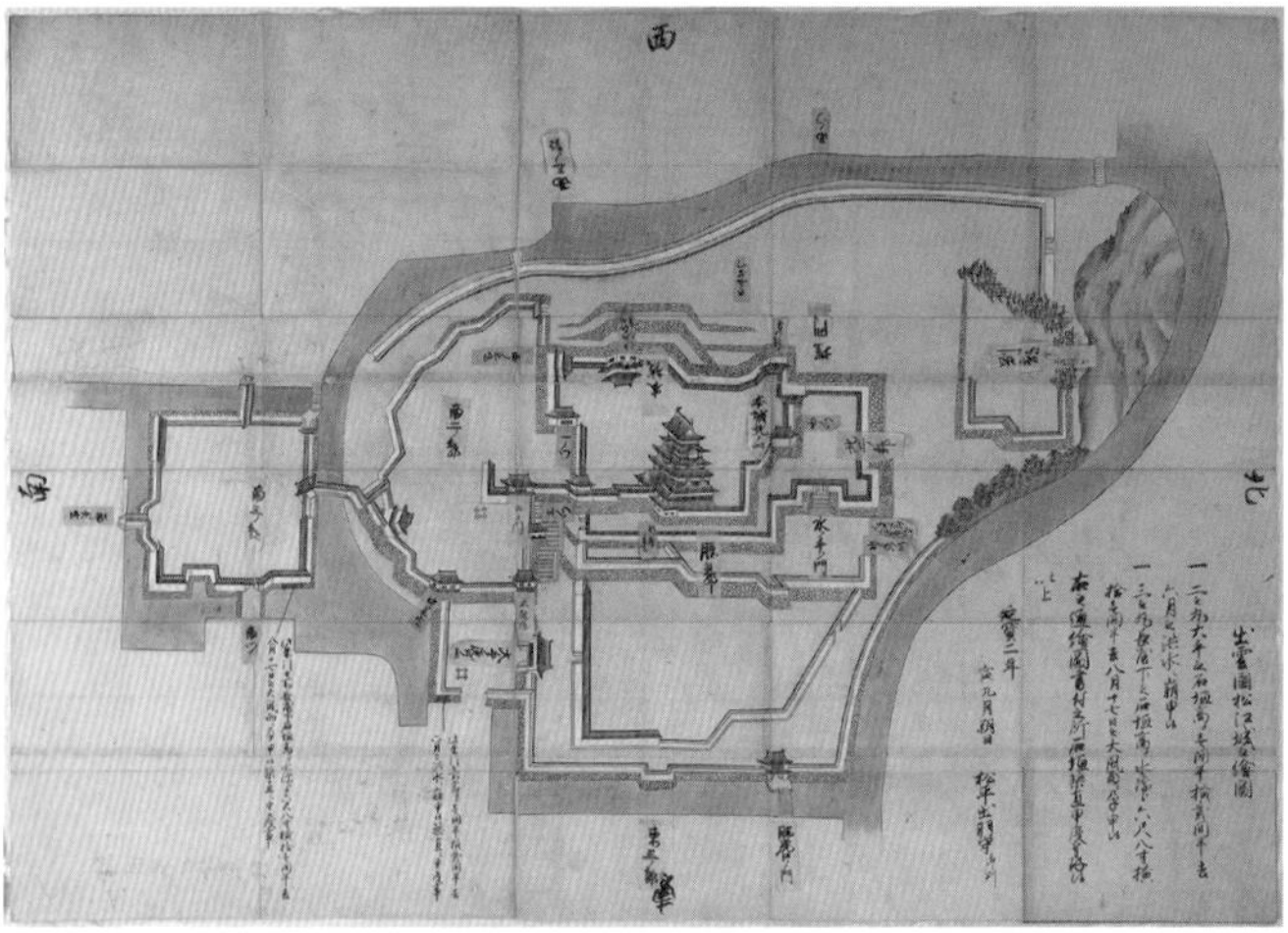

図17　「出雲国松江城之絵図」（松江歴史館蔵）

の公式文書には、居城名称として「松江城」「松江之城」などが用いられていたことが分かる。

しかし、「松江城」という名称が公式に使われ始めたのが、寛永十五年日本図（B型）が作成された寛永十五〜十六年頃、遅くとも正保出雲国絵図が提出された正保二年頃からだとしても、文献史料を見る限り、近世の出雲国内で、「松江城」の名称が広く用いられていたという形跡はうかがえないのである。

六．近世文献史料からみた「松江城」

松江市史編纂事業に伴う詳細な史料調査などをとおしても、今のところ近世出雲国の居城名称として「末次城（末次）」の名称を付した史料は、寛永十年出雲国絵図、あるいは寛永十年日本図（A型）以外に見当たらず、その他の文献史料に見つけることができていない。

一方、「松江城」という表現もほとんど見当たらないが、前述の城郭（石垣）修補願絵図以外に、松江松平家伝来の「直政年譜」には、松平直政が寛永十五年四月十三日に「松江城」に登ったという記述がある[13]。明和三年（一七六六）に御破損方が写し松江松平家伝来の「御城内惣間数」には、「松江御城」という表現がある[14]。「能義郡富田庄八幡宮神主申状写」には、富田の城に対して、「松江御城」という表現がある[15]。また、慶応四年（一八六八：明治元年）に山陰道鎮撫使一行として松江を訪れた中川禄左衛門の「慶応四年正月　中川禄左衛門松江在陣日誌」[16]には、「松江城」という表現がある。

どうも、近世文献史料に「松江城」と記す事例は、城郭（石垣）修補願のような松江藩から幕府に向けて提出された公式文書、松江松平家や一部の家臣家などに伝来した史料、中川禄左衛門のような出雲国外から来た人物の記録、あるいは出雲国外で作成された史料などに限られるのかもしれない。

出雲国内で作成された近世の文献史料では、居城としての松江城は「御城」と表現されることが多く、「御城内」「御城下」という表現も見られる。恐らく、いわゆる「一国一城令」により居城以外の城は破却されていたことや、松江城が圧倒的な存在であったために、出雲国内の人々にとって、「『城』といえば松江城」という共通認識があったからではないだろうか。明治時代以降になると、「松江城」という名称が文献によく使われるようになるのも、社会環境の大きな変化により、「『城』といえば松江城」という共通認識が薄れてきたためなのかもしれない。

ただし、「松江城」という名称が公式に使われ始めたのが、寛永十五〜十六年頃からと考えられるようになったことから、今後、寛永十五年頃以降の近世文献史料から、「松江城」の表記が見つかっても不思議ではない。

七．「松江」という城所名称

慶長五年（一六〇〇）、関ヶ原合戦での軍功により、堀尾忠氏が父吉晴とともに遠江国浜松から出雲国富田（安来市）に入るが、富田が新しい領国支配の地としてはふさわしくないとして、居城《きょじょう》が所在する城所《じょうしょ》（城下町）の移転が行われた。新しい城所に名づけられた「松江」という名称については、城下町形成頃の根本的な史料が残されていないものの、十七世紀中頃から識者による見解が示されてきた。確認できる最も古い記述は、松江藩儒黒澤石斎《くろさわせきさい》による承応二年（一六五三）の「懐橘談《かいきつだん》」[17]で、新しい居城天守が完成した慶長十六年（一六一一）から四〇年余り後に記されたものである。「末次は此島根郡なり、末次明神まします。白潟は意宇郡なり。此邑今は松江といふ。唐の松江に地境相似て鱸魚蒓菜又多し。故に先の国守堀尾出雲守忠氏富田の城を此地へ移し松江と名づけぬ。」と記すように、「松江」という地名は、中世以来の町場であった白潟《しらかた》と末次《すえつぐ》を併せたもので、唐の松江に風景が似ており鱸魚《ろぎょ》（スズキ）、蓴菜《じゅんさい》が同じように多く採れることから、新たな城所の名称としてとして堀尾氏が名付けたとする。

堀尾氏が新しい城所を「松江」に選定した理由は、「松江」が領内支配地域のほぼ中央で、家臣団とその家族等の居住区を広く望むことができ、武士階級の集住によって急増する人口に見合う大量消費物資の流通に便利な場所であったからとされる[18]。また、中世以来の拠点的な港湾都市であった白潟と末次という水陸の要衝を確実に掌握することで、物流の管理、商人の把握、武家居住地の要塞化、陸路を軸とした強固な軍事防御態勢の構築などを行い、強権的な土木事業により全く新しい町を創り出そうとしたからだと考えられている[19]。

「松江」という名称は、堀尾氏が近世初頭に領国支配の拠点として中世以来の白潟と末次を取り込む形で新しい城所（城下町）を造り、その折に当時の中国風好みの世相をも取り入れて命名したものと理解してよいと思われる。「松江」という地名は古くからあったともされるが[20]、新しい城所名称として名付けられた「松江」は、慶長十三年（一六〇八）頃には文献史料からも確認できる[21]。

つまり、近世出雲国の居城城郭（「末次城」）の天守が完成した慶長十六年には、白潟と末次を取り込んだ出雲国の城所（城下町）の名称は、「松江」であったと考えてよいだろう。（コラム2参照）

なお、松江城下町（城所）を描いた絵図は約一〇〇点余りが確認されている[22]。最も古い「堀尾期松江城下町絵図」（図18）を始め、基本的には大橋川を挟んで南北の区域を一～二枚の図で描いており、城所（城下町）「松江」として認識されていた範囲を視覚的に理解できる。

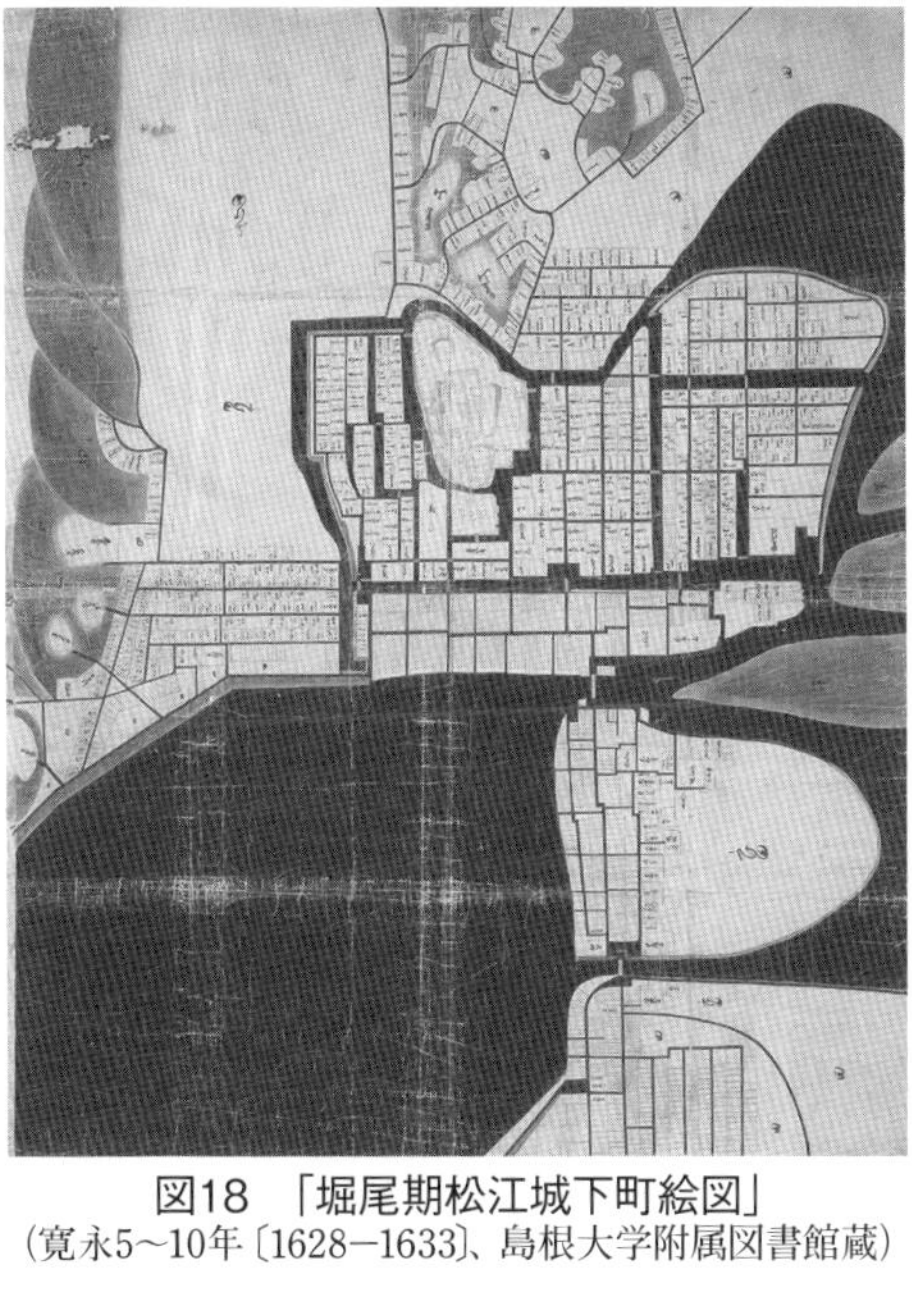

図18　「堀尾期松江城下町絵図」
（寛永5～10年〔1628−1633〕、島根大学附属図書館蔵）

八・おわりに

慶長十六年（一六一一）正月吉祥日に天守完成の祈祷が行われ、やがて城郭の全容が整ったと考えられる新しい出雲国の居城名称は、創建時より「松江城」と呼ばれていた、と私たちは漠然と理解し、用いてきた。

しかし、幕府収納出雲国絵図、幕府が編集した日本総図、文献史料などによれば、公式の居城名称は、寛永十〜十三年（一六三三〜三六）頃までは「末次城」と呼ばれていたが、寛永十五〜十六年（一六三八〜三九）頃、遅くとも正保二年（一六四五）には「松江城」と呼ばれるようになった可能性が考えられるのである(23)。

ところで、「末次城」は中世文献史料や軍記物でも確認できる中世城郭であり、その所在地は現在の松江城とする考えが有力である(24)。つまり、堀尾氏は、白潟と末次を取り込んだ新しい出雲国の城所（城下町）「松江」で、中世の末次城を大改造して近世出雲国の居城城郭を築き、居城名称としては中世以来の「末次城」を用いていた、と理解できるのかもしれない。

今のところ近世出雲国の居城名称として「末次城（末次）」の名称を付した史料は、

寛永十年出雲国絵図、あるいは寛永十年日本図（A型）以外に見出せてはいない。今後、新たな史料により確認できることを期待したい。

注

第三章

（1）川村博忠一九八四『江戸幕府撰国絵図の研究』古今書院、同一九九〇『国絵図』吉川弘文館、同二〇一〇『江戸幕府の日本地図－国絵図・城絵図・日本図』吉川弘文館、同二〇一二「寛永期に2度作成された中国筋国絵図－寛永10、15年出雲国絵図の比較－」『松江市歴史叢書5（松江市史研究3）』）松江市教育委員会、同二〇一三『江戸幕府撰日本総図の研究』古今書院

（2）『松江市史』「絵図・地図」では、寛永十年の出雲国絵図として「出雲国図」（東京大学総合図書館［南葵文庫］蔵）、「出雲国図」（岡山大学附属図書館［池田家文庫］蔵）、寛永十五年の図として「寛永出雲国絵図」（島根県立古代出雲歴史博物館蔵）、正保二年の図として「正保出雲国・隠岐国絵図」（島根県立古代出雲歴史博物館蔵）、宝永七年の図として「宝永出雲国絵図（元禄出雲国絵図）」（島根大学附属図書館蔵）、天保九年の図として「天保国絵図出雲国」（国立公文書館［内閣文庫］蔵）を掲載する。元禄出雲国絵図の原本、写本は残っていないが、

宝永七年に出雲国へ派遣された国目付に提出するために松江藩は「元禄出雲国絵図」を半分の縮尺に縮めた模写図を仕立てたようで、元禄図の様子を知ることができる。

（3）寛永十年の幕府収納出雲国絵図は、東京大学総合図書館（南葵文庫）のほか、岡山大学附属図書館（池田家文庫）、秋田県公文書館、山口県文書館、高知城歴史博物館、京都大学附属図書館、熊本大学附属図書館、名古屋市蓬左文庫などに現存する。いずれの出雲国絵図も居城を「末次（城）」と表記する。

（4）松江市史編集委員会二〇一八『松江市史』「松江城」第十一章「堀尾古記」。堀尾但馬は絵図を持参して米子に出向き、巡見使に出雲国の様子を伝えたことを次のように記している。「一、市橋伊豆殿・柘植平右衛門尉殿・村越七郎右衛門尉殿、四月廿四日午ノ刻ニ伯州米子へ御着被成候、則出雲ノ絵図持にて但馬罷出、国之様子申上候、廿五日ノ晩ニ米子御出船被成、廿六日ノ辰ノ刻雲州美保関へ御着岸、但馬・主水御さきへ参候、廿九日之夜丑ノ刻御三殿美保関御出船被成、隠岐国ノ島前へ御渡海」

（5）川村博忠二〇一二「寛永期に2度作成された中国筋国絵図―寛永10、15年出雲国絵図の比較―」『松江市歴史叢書5（松江市史研究3）』）松江市教育委員会、『松江市史』「絵図・地図」

（6）川村博忠二〇一〇『江戸幕府の日本地図―国絵図・城絵図・日本図』吉川弘文館、川村博忠二〇一三『江戸幕府撰日本総図の研究』古今書院

（7）（6）に同じ

（8）松江市史編集委員会二〇一四『松江市史』史料編11「絵図・地図」松江市

(9) 川村博忠二〇一三『江戸幕府撰日本総図の研究』古今書院。寛永十年日本図（A型）は、佐賀県立図書館所蔵図のほか、山口県文書館（毛利家文庫）所蔵図、島原市本光寺（旧島原藩主松平家文書）所蔵図、福井市大野市（個人）所蔵図などがある。寛永十五年日本図（B型）は、国立国会図書館所蔵図、岡山大学附属図書館所蔵図のほか、京都大学附属図書館（中井家文書）所蔵図が知られている。

(10) 川村博忠二〇一三『江戸幕府撰日本総図の研究』古今書院（93頁、１４９頁など）

(11) 『松江市史』「絵図・地図」（挿図8）

(12) 『松江市史』「松江城」では、「出雲国松江城之絵図」（延宝二年）、「松江城郭図」（元文三年）、「出雲国松江城（諸国城郭修復図）」（安永二年）、「松江城郭古図」（安永七年）、「出雲国松江本城図」（元治元年）を掲載する。

(13) 「直政年譜」（島根県立図書館蔵）は松平直政の没後にまとめられた史料ではあるが、寛永十五年条によれば、「十-五年戊-寅　国-侯三-十-八-歳　春二-月十-一-日　封ラル二出雲ノ州ニ一　監ス二隠岐州ヲ一　春三月三日発シ二信-州ヲ一　七日到リ二江戸ニ一　二-十-三日賜ル二官-職ヲ一　践ケシ玉フ二白-銀三-千-両　衣-服五-十-領　駿-馬一-足ヲ一　自レ是　隔テレ年ヲ為レ恒ト　斯ノ月発スレ軫ヲ　夏四-月十-三-日　登ル二雲州ノ府松-江-城ニ一　今-歳在テレ国ニ而鎮ス矣」と記されている。直政は寛永十五年二月十一日に出雲国に封され、前任地信州松本から江戸を経由し、四月十三日に「松江城」に登っている。

なお、十九世紀前半に編纂された「御実紀（徳川実紀）」中の「台徳院殿御実紀」慶長十六年六月条には、「十七日出雲国松江城主堀尾帯刀先生可晴卒す」とある。

(14)『松江市史』「松江城」。「(御城内惣間数) 一、松江御城　亀田山之城与前々より申伝候　附平山城　東西百七拾七間弐尺五寸　丁ニシテ三丁程　南北弐百九拾六間壱尺　丁ニシテ五丁程」

(15)松江市史編集委員会二〇一五『松江市史』史料編「近世Ⅲ」。「(能義郡富田庄八幡宮神主申状写) (中略) 右ハ京極若狭守様御入国之刻、社領之御断此ニ候、戌ノ九月六日同極月八日迄、松江御城ニ相続詰申候而埒明、如先規之被仰付候、我等年廿弐才之時也、末孫為意得如此書付定候、以上」

(16)松江市史編集委員会二〇一六『松江市史』史料編「近世Ⅳ」。「(御一新御勅使御発向日誌　慶応四辰年正月　中川禄左衛門) (中略) (二月二十八日) 戌ノ刻、松江城広小路両側ニ家老重臣始一家重臣馬乗提灯麻上下無刀、重臣以下弓張提灯麻上下、皆々雪積り上ニ土下座平伏御出迎言語ニ難尽次第　上様、城内松江城御殿御本陣御着 (中略) (二月晦日) 上様御滞陣　巳ノ刻松江城七重天守七重上迄御上覧、薩長隊長始兵士一統」

(17)上巻は承応二年、下巻は寛文元年に成立。松平綱隆に従って出雲国入りした黒澤石斎が国中を巡って見聞した記録を江戸の母に報告した地誌。他にも「松江」の名称由来については、「雲州松江城之事書」(寛文九年三月、圓成寺蔵)、「雲州松江城之縁起」(寛文九年三月、万寿寺蔵)、「白石先生紳書」(宝永二年〜享保十年頃、国立公文書館等蔵)、「小瀬甫庵由緒書」(金沢市立玉川図書館近世史料館蔵)、「仁多郡中湯野村運龍山覚融寺書出帳写」(宝永二年、旧島

根県史編纂資料　近世筆写編二五一・島根県立図書館蔵）、「雲陽誌」（享保二年）、「出雲鍬」（十八世紀半ば、賣布神社蔵）、「雲陽大数録」（明和四年から天明二年、比布智神社蔵）、「出雲札所観音霊場記」（文化十一年刊、島根県立図書館蔵）、「出雲神社巡拝記」（天保四年刊、島根県立図書館蔵）、「出雲私史」（文久二年）、「藩祖御事蹟」（慶応三年）などの近世文献史料から確認でき、中国の地名が「松江」の名称の由来であると伝えている。

　これら近世文献史料に記された「松江」の名称由来などを基に、明治時代以降の識者も「松江」の名称由来に関心を寄せてきた。松江を解説する多くの書籍に記されているが、主なものとして、『島根縣史（第九編　藩政時代下）』（野津左馬之助一九三〇）、『松江市誌』（野津静一郎・上野富太郎一九四一）、『八百八町町内物語・白潟の巻』（島根日日新聞一九五五）、「松江城下図と城下町（二）」『松江工業高等専門学校研究紀要』（島田成矩一九七六）、「松江の地名由来」『山陰の城下町』（入谷仙介一九八三）、「椿説　松江地名考」『湖都松江　Vol.1』（藤岡大拙二〇〇二）、『城下町松江の誕生と町のしくみ』（松尾寿二〇〇八）などがある。なお、中国文学者の入谷仙介氏は唐の詩文に見える松江とは松江府ではなく、呉江県において太湖から呉淞江（松江）が流出し、その流出口には長橋が架かるが、その辺りのことであると指摘した（入谷一九八三）。唐の松江と似ており鱸と蓴菜を産することから名付けられたという故事は概ね共通して紹介されるものの、命名者については堀尾氏（堀尾吉晴・堀尾忠氏・堀尾忠晴など）、小瀬甫庵、春龍和尚など諸説があり、「松江」という地名は古くからあったとする考えもある。

(18) 松尾寿二〇〇八「城下町松江の誕生と町のしくみ―近世大名堀尾氏の描いた都市デザイン―」『松江市ふるさと文庫5』松江市教育委員会

(19) 長谷川博史二〇一三「中世水運と松江　―城下町形成の前史を探る―」『松江市ふるさと文庫15』松江市教育委員会

(20) 松江藩儒桃節山は、「藩祖御事蹟」（慶応三年刊、谷口為次一九一六「松江藩祖直政公事蹟」『出雲文庫第四編』で翻刻）の中で、「或る説には古より間には唱へし事もあれども、定りたる名にもあらざりしを、此時に新に城下の称号とせられたるによりて、始て其名の定まれるならんといへり、左もあらんか。姑く疑を存して博識の君子を待つ」と記す。他にも藤岡大拙二〇〇一「椿説　松江地名考」『湖都松江Vol.1』など。

(21) 「墨書顕如上人真影図裏書」（『松江市史』「松江城」第十一章）には、「慶長十三戊申年九月二十八日　雲州意宇郡津田庄　松江村惣物也」、「堀尾古記（慶長十三年条）」（『松江市史』「松江城」第十一章）には、「一、松江越、十月二日」とある。

(22) 大矢幸雄・和田嘉宥二〇一六「松江市域の絵図・地図目録（中間報告）」『松江市歴史叢書9（松江市史研究7）』松江市

(23) 幕府収納国絵図に記載されることで「町」呼称が与えられ、公儀レベルから地域社会レベルにまで通用する呼称となったことが知られている（渡辺浩一一九九九『近世日本の都市と民衆―住民結合と序列意識―』吉川弘文館）。島原の乱を契機とした寛永十五年の国絵図、日本図（B型）の作成の過程で城所名称と居城名称の統一が求められ、城所名称に合わせて居城名称は「松江城」と公式には呼ばれるようになった、という推測ができるのかもしれない。松平直政の出雲国入部という藩主家の交代も関係していたのかもしれない。今後の課題である。

(24)『松江市史』「松江城」の中で、岡崎雄二郎氏は中世末次城の所在に関する諸説を紹介し、中世の末次城は現在の松江城が所在する亀田山にあったと考えるのが妥当であると結論付けている。令和四年（二〇二二）七月、松江城内の防災設備工事に伴う試掘調査により、本丸北西側から「堀切」と考えられる人工的な加工が確認され、中世の末次城の遺構である可能性が指摘されている。

コラム2

「松江」の名称由来について
——近世文献史料、明治時代以降の著述の整理をとおして——

「松江《まつえ》」という地名は、近世初期の文献史料や幕府収納絵図にも記された名称であり、堀尾氏によって新しい城所（城下町）が形成され始めた頃には、城所名称となっていたと考えられる。しかし、「松江」の名称由来や命名者をめぐっては、根本的な史料がなく、『松江市史』でも改めてとりあげられることはなかったが、十七世紀中頃から識者による見解が残されてきた。そこで、手元の史料で確認できるものを年代順に書き出してみた。（文末に、**近世文献史料に見る「松江」の名称由来**として、史料①～⑭、参考文献①～⑩を掲載、139～160頁）

確認できる最も古い記述は、黒澤石斎《くろさわせきさい》による承応二年（一六五三）の「懐橘談《かいきつだん》」（史料①）で、居城天守が完成した慶長十六年（一六一一）から四十年余り後に記されたものである。「末次は此島根郡なり、末次明神まします。白潟は意宇郡なり。此邑今は松江といふ。唐の松江に地境相似て鱸魚蒓菜又多し。故に先の国守堀尾出雲守忠氏富田の城を此地へ移し松江と名づけぬ。」と記すように、「松江」という名称の由来は、中世以来の町場であった白潟《しらかた》と末次《すえつぐ》を併せたもので、「唐の松江（スンコウ）」に似ており、鱸魚《ろぎょ》（スズキ）、蓴菜《じゅんさい》が同じように多いことから、新たな城所の名称として堀尾忠氏（堀尾氏）が名付けたとする。

他にも、「雲州松江城之事書《うんしゅうまつえじょうのことがき》」（史料②）、「雲州松江城之縁起《うんしゅうまつえじょうのえんぎ》」（史料③）、「白石先生紳書」（史料④）、「小瀬甫庵由緒書《おぜほあんゆいしょ》」（史料⑤）、「仁多郡中湯野村運龍山覚融寺《かくゆうじ》書出帳写」（史料⑥）、「雲陽誌《うんようし》」（史料⑦）、「出雲鍬《いずもぐわ》」（史料⑧）、「雲陽大数録《うんようだいすうろく》」（史料⑨）、「出雲札所観音霊場記《いずもふだしょかんのんれいじょうき》」（史料⑩）、「出雲神社巡拝記《いずもじんじゃじゅんぱいき》」（史料⑪）、「出雲私史《いずもしし》」（史料⑫）、「藩祖御事蹟《はんそごじせき》」（史料⑬）、「森羅萬象《しんらばんしょう》」（史料⑭）などの文献史料がある。

近世の文献史料には、鱸魚や蓴菜が採れる唐の松江が当地の「松江」の名称由来地として記されるが、命名者には諸説がある。「懐橘談」の堀尾忠氏、「白石先生紳書」・「小瀬甫庵由緒書」の小瀬甫庵、「仁多郡中湯野村運龍山覚融寺書出帳写」の覚融寺南華和尚、「雲陽誌」・「雲陽大数録」の圓城寺開山春龍和尚である。なお、「雲陽誌」には「前国主堀尾吉晴の命によって圓城寺開山春龍《しゅんりゅう》和尚初めて名付」とあり、春龍和尚が名付けたのは堀尾吉晴の命によるとする。

一方、藩儒桃節山《ももせつざん》は、「藩祖御事蹟」（史料⑬）の中で、「太平記に既に松江の名ありといへり。又偽書なりといふ事にはあれども大江廣元日記にも松江港といふ名あり。依て或る説には古より間には唱へし事もあれども、定りたる名にもあらざりしを、此時に新に城下の称号とせられたるによりて、始て其名の定まれるならんといへり、左もあらんか。姑（しばら）く疑を存して博識の君子を待つ」と記している。節山は松江開府以前に「松江」という名が存在していたことを「太平記《たいへいき》」（参考①）や「大江廣元日記《おおえのひろもとにっき》」を通して承知していた（この「松江」は地名ではなく形容詞だという説もある）。そこで、古くから「松江」と称したこともあったが、定まった名称ではなく、開府時に新たに城下の称号として定まったのだろうとし、「疑を存して博識の君子を待つ」と結んでいる。

これら近世の文献史料に記された「松江」の名称由来などを基に、明治時代以降の識者も「松江」の名称由来に関心を寄せてきた。「松江」を解説する多くの書籍に記されているが、主なものとして、昭和五年（一九三〇）発刊の『島根縣史（第九編　藩政時代下）』（参考⑤）、昭和十六年（一九四一）発刊の『松江市誌』（参考⑥）

を始め、『八百八町町内物語・白潟の巻』（島根日日新聞一九五五）、「松江城下図と城下町（二）」『松江工業高等専門学校研究紀要』第十二号・『松江城物語』（島田成矩一九七六・一九八五、参考⑧）、『わが町の歴史　松江』（内藤正中一九七九）、「松江の地名由来」『山陰の城下町』（入谷仙介一九八三、参考⑦）、「椿説　松江地名考」『湖都松江　Vol.1』・「〔松江〕の地名」『松江藩の時代』（藤岡大拙二〇〇八、参考⑨）、『城下町松江の誕生と町のしくみ』（松尾寿二〇〇八、参考⑩）などがある。なお、中国文学者である入谷仙介氏は唐の詩文に見える松江とは松江府ではなく、呉江県において太湖から呉淞江（松江）が流出し、その流出口には長橋が架かるが、その辺りのことであると指摘した。

　明治時代以降の識者も、唐の松江と似ており、鱸と蓴菜を産することから名付けられたという故事は概ね共通して紹介するものの、命名者については堀尾氏（堀尾吉晴・堀尾忠氏）、小瀬甫庵、春龍和尚など諸説を紹介しており、一方で、「松江」は古くからあった地名とする考えもある。

　どうやら、「松江」という名称の由来については、十七世紀中頃以降、多くの識者が見解を述べてきたにもかかわらず、また、山陰の中核都市にまで発展した今日の松江市の名称起源であるにもかかわらず、定説を見ていないことが理解できる。

さて、浅学菲才の立場で碩学の先輩諸氏に何か物申すことはできないが、近世文献史料や明治時代以降の著述の整理をとおしてみると、昭和五年（一九三〇）に野津左馬之助氏が『島根縣史』で引用して自身の見解としたように、「藩祖御事蹟」で桃節山が述べた次の見解が、心情的には妥当なように思われる。

> 「或る説には古より間には唱へし事もあれども、定りたる名にもあらざりしを、此時に新に城下の称号とせられたるによりて、始て其名の定まれるならんといへり、左もあらんか。姑く疑を存して博識の君子を待つ」

著名な中国文学者であった入谷仙介氏の、「旧来の地名を拾い上げることで、新領土に対する姿勢を示し、あわせて当時の中国風好みの世相をも取り入れて、松江の名を決定したと思われる。」という見解にも得心する。

命名者には諸説があり定見をもつものではないが、近世の文献史料からは、「懐橘談」の堀尾忠氏、「白石先生紳書」・「小瀬甫庵由緒書」の小瀬甫庵、「仁多郡中湯野村運龍山覚融寺書出帳写」の覚融寺南華和尚、「雲陽誌」・「雲陽大数録」の圓城寺開山春龍和尚（「雲陽誌」には吉晴の命によるとある）の名が挙げられる。

そのうえで、「堀尾古記《ほりおこき》（慶長十三年条）」（参考④）に記された慶長十三年（一六〇八）十月の「松江越」頃に、新しい城所（城下町）名称の最終決定を行える立場にあったのは、堀尾忠氏が慶長九年（一六〇四）八月に亡くなり、かつ堀尾忠晴がまだ幼い中で、出雲国の実質的な最高権力者として強権的な大土木事業を行い得た堀尾吉晴であると一般論として理解できる。（新しい城所名称の決定が慶長九年八月以前に行われていたとすれば、黒澤石斎が「懐橘談」で述べたように堀尾忠氏とも考えられる）

以上のことから、「松江」という地名は、近世初頭に堀尾氏（堀尾吉晴）が新しい城下町を中世以来の拠点的な港湾都市であった白潟と末次という水陸の要衝地を取り込む形で形成し、当時の中国風好みの世相をも取り入れて新たに命名したものであると理解できるのではなかろうか。その折に、旧来の地名を拾い上げたということも否定はできない。

最後に、堀尾氏が新しい城地を「松江」に選定した理由はどのように考えられているのだろうか。これも諸説あるが、松尾寿氏は、

> 堀尾氏が城地選定に当たってまず考えたことは、領内支配地域のほぼ中央

で、家臣団とその家族等の居住区を広く望むことができ、武士階級の集住によって急増する人口に見合う大量消費物資の流通に便利な場所であった。かくして堀尾氏は領国支配のために、出雲国の中心に近く、城下が広くとれ、海上輸送の便もある宍道湖岸の地に新しい城地を求めた。

承応二年（一六五三）に藩儒黒澤石斎が書いた『懐橘談』によれば、「そもそも天文年中（十六世紀中葉）わが国に鉄砲が伝来し、ようやく国々に流布してきたのにもかかわらず、この富田城は弓術に備えており鉄砲に対する備えとしては頼りないとして、慶長年中（十七世紀初頭）出雲国の領主堀尾吉晴が子息忠氏と相談し、この城を松江へ移すことにした」としており、宝暦～明和のころ（十八世紀中葉）に書かれたといわれる『雲陽大数録』によれば、「堀尾氏が富田城に見切りをつけて城地を替えようとした理由は、富田城が対の峰京羅木山から見透かされ、他にも対の峰が多く、それらの峰々から鉄炮攻撃を受けて落城したと聞いたためだ」としており、諸書もこのことを第一の理由に挙げて強調しているが、松江移城の基本的理由は「兵農分離」という全国的な時代の趨勢であると考えるべきである。（松尾寿二〇〇八「城下町松江の誕生と町のしくみ」『松江市ふるさと文庫5』松江市教育委員会）とされる。

また、長谷川博史氏は、

> 松江城下町建設時における立地条件（規模や利便性）の問題は、商業発展を基盤とした城下町・藩領経済の振興や、町衆の経済活動を含めた全体的な発展が、最優先の課題であったと見てはならないと思われます（商業振興による藩財政の再建は、さらに後の時代のことです）。「堀尾絵図」に描かれた初期松江城下町の軍事防備体制は、陸路からみれば緻密できわめて堅牢であるけれども、それは、中海・宍道湖間を多数の船舶が往来できることなど前提にしてはいないからこそ、成り立ちうるものであったと考えられます。むしろ、その原則的な否定こそが城下町建設の大前提であったことを示しています。島根半島中央部においては、水路・陸路の両方ともに、城下町が大きな障壁のように立ちはだかっているからです。城下町建設が権力的に推しめられた理由は、何よりも管理・統制の強化のためであったと考えられます。

松江城下町を建設した堀尾吉晴は、豊臣秀吉による強権的な大土木事業の数々を目の当たりにし、それを支えたり薫陶を受けたりしてきた人物です。その目には、島根半島中央部の水陸の要衝を確実に掌握し、ここをこそ改編しなければ、新たな領国支配体制を作り上げることなどできないことが、はっきりと見えていたのではないかと思われます。だからこそ、外海・内海を介した物流を管理し、商人居住区を限定し、権力的に特定の商人を把握するとともに、「惣構」を徹底した武家居住地の要塞化、陸路を軸とした強固な軍事防御体制の構築、大規模な掘削・埋立事業によって、全く新しい町を創り出そうとしたものと考えられます。（長谷川博史二〇一三「中世水運と松江」『松江市ふるさと文庫15』松江市教育委員会）

とされる。

今日、松江城下町を描いた絵図は約一〇〇点余り確認されているが（「松江市域の絵図・地図目録（中間報告）」『松江市歴史叢書9』）、確認される中で最も古い「堀尾期松江城下町絵図」（寛永五～十年〔一六二八～三三〕、島根大学附属図書館蔵）を始め、多くが大橋川を挟んで南北の区域を一～二枚の図で描いており、近世城下町「松江」として認識されていた範囲を視覚的に理解できる。

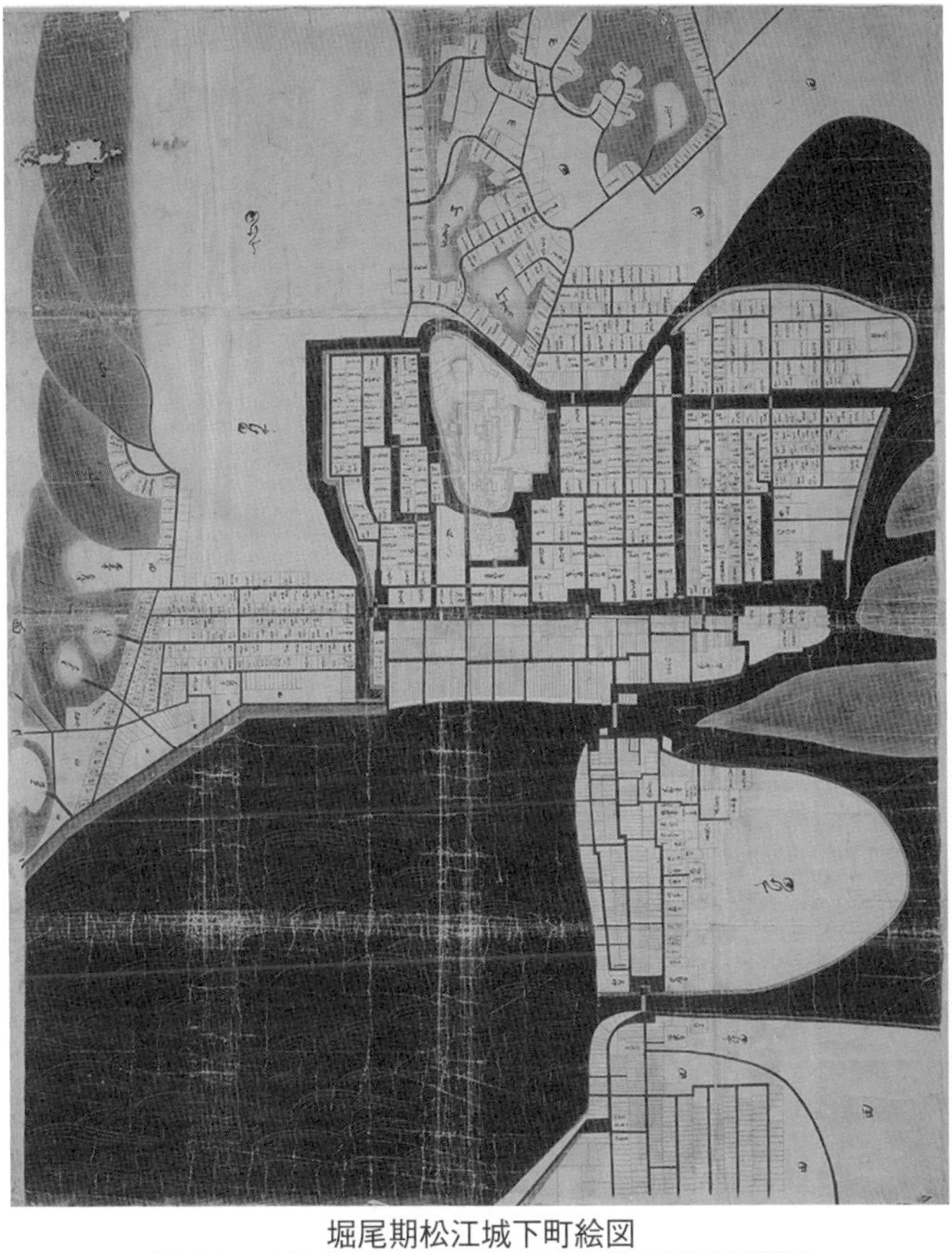

堀尾期松江城下町絵図
(寛永5～10年〔1628～1633〕、島根大学附属図書館蔵)

近世文献史料に見る「松江」の名称由来

史料①「懐橘談《かいきつだん》」上（黒澤石斎著。上巻は承応二年〔一六五三〕、下巻は寛文元年〔一六六一〕成立。松平綱隆に従って出雲国入りし、江戸の母に報告するために国中を巡って見聞した記録・地誌）（谷口為次編一九一四「懐橘談」『出雲文庫第二編』より）

島根郡　府城　末次は此島根郡なり、末次明神まします。白潟は意宇郡なり。此邑今は松江といふ。唐の松江に地境相似て鱸魚蒓菜又多し。故に先の国守堀尾出雲守忠氏富田の城を此地へ移し松江と名づけぬ。今国司の府なり。宇賀明神も城の北にあり。湖水を東西南北に掘り入れたれば、船の往来自由にして商売運送に便あり。誠に本朝無双の金城、中国第一の天険なり。人に誘はれ湖水の辺に行きて竿を投ずれば、鱸魚を釣り篚を提げては蔬菜を摘んで晋の張翰が事思い出でぬ。

史料②「雲州《うんしゅう》松江《まつえ》城《じょう》之《の》事書《ことがき》」（春龍和尚が開基の圓成寺に伝わる）（寛文九年〔一六六九〕三月、『松江市史』「松江城」〔圓成寺蔵〕より）

号テ二其城下一曰二松江一、此地有二鱸魚一有二蓴菜一故ニ改二其名一云、

史料③「雲州《うんしゅう》松江《まつえ》城《じょう》之《の》縁起《えんぎ》」（春龍和尚が開基の萬寿寺に伝わる）（寛文九年〔一六六九〕三月、『松江市史』「松江城」〔万寿寺蔵〕より）

号其城下曰松江、此地有鱸魚有蓴菜故改其名云、

史料④「白石先生紳書《はくせきせんせいしんしょ》」（新井白石の著とされるもので、経書・史伝・語言等よりして近人の逸事にまで及び、数百条にわたって記される）（宝永二年〔一七〇五〕～享保十年〔一七二五〕頃、「白石先生紳書」〔国立公文書館蔵211-0234-0004〕より）

巻七　加洲医師坂井順元　秀次の事有し時に土肥と名乗りて、其後又小瀬と改て堀尾の家につかへ雲州を領地の内、今の松江の城をハ縄はりして鱸の名所なりとて松江と名付し甫庵也、

史料⑤「小瀬甫庵由緒書《おぜほあんゆいしょがき》」（小瀬甫庵が松江と名付けたとする。元禄元年〔一六八八〕に没した坂井泰順の子小瀬復庵が藩へ提出した由緒書の写）（『松江市史』「松江城」〔金沢市立玉川図書館近世史料館蔵〕より）

新城築被申候刻、縄張并町割等、雲州府松江与改申義、甫庵仕旨御座候、

史料⑥「仁多郡中湯野村運龍山覚融寺《かくゆうじ》書出帳写」（仁多郡亀嵩・覚融寺の寺伝。覚融寺

の南華和尚が城下惣名を松江と名付けて然るべしと提言したと伝える。覚融寺には堀尾氏家臣小瀬甫庵も所領寄進を行っている）（宝永二年〔一七〇五〕、『松江市史』「松江城」（旧島根県史編纂資料　近世筆写編251・島根県立図書館蔵）より）

一、堀尾帯刀様御代ニ能義郡富田より島根郡へ御城曳相成候其節当寺先代之住持南華和尚より言上被致候者大唐ニ松江府と申所御座候、其所ニ魚御座候、其名を鱸と申候、唯今御城御曳被成候所島根意宇両郡之間之大河之魚ヲ鱸と申由景地亦相似ル由、然者松江府ヲ移御城下惣名ヲ松江与御名付可然奉存候由被申上候と伝承候へ共、慥成証據無御座候

右之通見聞伝承之趣如斯御座候、以上

史料⑦「雲陽《うんよう》誌《し》」（黒澤長尚編。出雲国の地誌、隠居した前藩主松平綱近の命により宝永二年〔一七〇五〕から編纂が始まる）（享保二年〔一七一七〕成立、島根県内務部一九一〇『雲陽誌』より）

島根郡　松江城府　城下末次白潟の二邑を松江と名付給ふ事は異朝に呉といふ国に松江といへる所あり、此湖の中に鱸といふ魚蓴菜といふ水草ありて名物なり。此城下宍道湖の水中にも鱸魚蓴菜ありて名物なれは松江と名付け給ふ

といへり。

意宇郡　松江　白潟　　此所唐の松江（ずんがう）に地境相似たり。故に前国主堀尾吉晴の命によって圓城寺開山春龍和尚初めて名付といへとも、太平記に松江の風に帆をあくるとあれは古き名なるへし。

史料⑧「出雲鍬《いずもぐわ》」（岸崎時照の「出雲風土記抄」や黒澤石斎の「懐橘談」などを引用しつつ、寺社の由緒などを書き加えて一書としたもの）（十八世紀半ばに成立、『松江市史』史料編「近世Ｉ」（賣布神社蔵）より）

島根郡　府城　　末次ハ此島根郡也、末次明神坐白潟ハ意宇郡也、此二邑今ハ松江ト云、唐松江ニ地境相似テ鱸魚蒓菜又多シ、故ニ前国主移シ二富田ノ城ヲ一号シレ松江ト今国主ノ府城也、

史料⑨「雲陽大数録《うんようだいすうろく》」（藩行政に携わる者が参照すべき便覧とも呼べる書）（明和四年（一七六七）から天明二年（一七八二）に成立、『松江市史』史料編「近世Ｉ」（比布智神社蔵）より）

一、松江と府名を付る事、圓成寺開山春龍和尚の作なり。唐の松江鱸魚と蓴菜と有るか故名産とす。今城府も其きんこうに似たれは松江と称すと云々

（参考）「**雲陽大数誌**」（〔島根県立図書館蔵〕より）

一、松江と名付る古と圓成寺開山春龍和尚の作也。唐の松江鱸魚ト蓴菜とあるかゆへ名産とす。其城府ズンゴウニ似たれハ松江と称すことといひ伝ふ

史料⑩「出雲《いずも》札所《ふだしょ》観音《かんのん》霊場《れいじょう》記《き》」（出雲国の三十三カ所の観音霊場について、由緒や霊験等を書き記した巡礼の案内記）（文化十一年〔一八一四〕に発刊、『松江市史』史料編「近世Ⅰ」〔島根県立図書館蔵〕より）

第二十六番月照山小倉寺　扨又当山より見渡せハ南には漫々たる湖水七里の巴水を見流し、大唐の松江に境地能相似て、鱸魚蓴菜の多き故に、先の国主堀尾山城守忠氏富田の城を此地へ移し松江と名付給ふ也、湖水ニ釣を垂籠を提てハ蓴菜を摘也、

史料⑪「出雲《いずも》神社《じんじゃ》巡拝《じゅんぱい》記《き》」（渡部彝著。『出雲国風土記』などに記載された神社を巡る旅行のための案内記）（天保四年〔一八三三〕に発刊、『松江市史』史料編「近世Ⅰ」〔島根県立図書館蔵〕より）

巻之一　松江　当城下を松江と称する事ハ城下の辺の入海鱸魚の名産唐土呉地の松江に同じ地形似たるに付其名を移して松江と云事とぞ、此松江の名ハ当

地城下未だ開けざる以前今を去事五百年太平記の時代、則松江と広く唱へたりし事同書に見へたり、然バ松江と云名甚だ古し、扨此入海魲魚名産なる事ハ神代より聞へたり、

史料⑫「出雲私史」（桃節山〔好裕〕著。明治以前の出雲の歴史を完述した史書。桃節山没後の明治二十五年〔一八九二〕に漢文編年体により刊行された）（文久二年〔一八六二〕成立、谷口為次一九一四「和譯出雲私史」『出雲文庫第三編』より）

巻之八　堀尾氏　吉晴　忠氏　忠晴　甚だ呉の松江の地形に似て、湖、鱸及び蓴菜を生ずるを以て、遂に改めて松江と名づく。湖は飫宇湖又は宍道湖と名づく。此水、上古は湖に非ず、出雲川此に決してより以来、潮水通ぜずして湖と為る。湖南は皆意宇郡なるが故に、意宇湖といふ。今の能義郡亦もと意宇郡たり。後郡の東を割いて能儀郡を置く。飫宇意宇訓読相通ず。湖南宍道郷あり、故に又宍道湖といふ。相伝ふ、松江の名、圓成寺の僧春龍の撰ぶ所なりと。碩齋黒澤翁いふ、春龍の撰ぶ所といふは疑う可し。太平記に既に松江の名あり、一名を又笠澤といふ。或はいふ、古より或いは称すれども未だ定名たらざりしのみと。未だ孰が是なるかを知らず

史料⑬「藩《はん》祖《そ》御《ご》事《じ》蹟《せき》」（桃節山〔好裕〕著、松平直政の事蹟録。成立後まもなく慶応三年に活板百部限定で刊行された）（慶応三年〔一八六七〕成立、谷口為次一九一六「松江藩祖直政公事蹟」『出雲文庫第四編』より）

出雲の城はもと能儀郡の富田にありしを、先先国主堀尾山城守忠晴の時、慶長の末今の亀田山に移され、内郭ほどは成りけれども、其内に追々太平となりて、外郭は出来ざりし由。此の地形呉国の松江に似て鱸魚蓴菜をも生ずる故に圓成寺の僧春龍が考にては、松江と名づけたるよし申伝へて書類にも見えたり。黒澤三右衛門弘忠の考にては、春龍が名を撰めりといふ事は如何あらん。太平記に既に松江の名ありといへり。又偽書なりといふ事にはあれども大江廣元日記にも松江港といふ名あり。依て或る説には古より間には唱へし事もあれども、定りたる名にもあらざりしを、此時に新に城下の称号とせられたるによりて、始て其名の定まれるならんといへり、左もあらんか。姑く疑を存して博識の君子を待つ。

史料⑭「森《しん》羅《ら》萬《ばん》象《しょう》」（松江藩士大野舎人家に伝来。堀尾氏の出雲入国から京極氏までの年代記、松平直政・綱隆の年譜略などを記す）（成立年不詳、『松江市史』「松江城」〔大野家蔵〕よ

り）

築レ城之役始松江卿（郷カ）始謂白潟村盖有湖水有蓴有鱸、因茲改白潟、謂松江、準擬呉中松江有蓴鱸而乎

【参考文献】

参考①「太平記（巻四　備後三郎高徳事付呉越軍事）」（作者・成立時期不詳ながら十四世紀中ごろまでには巻二十一あたりまで編纂されたと考えられている、岩波書店一九六〇「太平記　一」『日本古典文学大系』より）

暮レバ芦岸ノ煙ニ繋船、明レバ松江ノ風に揚帆、浪路ニ日数ヲ重ヌレバ、都ヲ御出有テ後廿六日ト申ニ、御舟隠岐ノ国ニ着ニケリ。

参考②「出雲《いずも》紀行《きこう》」（天文三年（一五三四）、神道体系編纂会一九八四『神道体系　文学編5　参詣記』より）

おなしき廿五日より、いさゝかの風の心地にてわつらハしけれは、筆をとゝめ

て思ひめぐらさす、はりまの国姫路の府を過し、夫より山路にかゝりけれハ、是より明暮唯さかしき山をのミわけ入て、いとゝ旅のうさもまさりぬれハ、

なミならぬうき身ハいとゝうき旅の山わけ衣袖ぞしをるゝ

さつきの二日出雲の松江の府に至る、此ほとりを錦浦といへるよし人のいひければ、

あかねさす日影うつりて江にあらふにしきの浦や波の曙

三日の夕つかた杵築にいたりつきて、いちくらにやとりを求め、しはらくやすらひて、本願の御事を尋けれは、やとのあるじ、あなひすへしとて伴ひて行に、置道をはるかにゆけは、音に聞取給ふ大社はたゝせ給へり、

参考③「墨書《ぼくしょ》顕如《けんにょ》上人《しょうにん》真影《しんえい》図《ず》裏書《うらがき》」（慶長十三年（一六〇八）九月二十八日、松江市指定文化財、『松江市史』「松江城」より）

本願寺釋教如（花押）

慶長十三戊申年九月二十八日

雲州意宇郡津田庄

顕如上人真影　　松江村惣物也

願主　釋玄祐

参考④「堀《ほり》尾《お》古記《こき》（慶長十三年条）」（慶長十三年〔一六〇八〕十月二日、『松江市史』「松江城」より）

一、松江越、十月二日

参考⑤『島根縣史（第九編　藩政時代下）』（野津左馬之助一九三〇）

第一章　第三節　二、千鳥城築城と松江開府　二、松江なる名称　前記の如く堀尾家は末次白潟の二郷を併せて松江と称し之を城下と定めたり。蓋し松江なる名の古記に見えたるは元弘二年後醍醐帝の隠岐遷幸に当り出雲安来港より出帆して隠岐に幸せらるゝ條を太平記に、

暮るれは蘆岸の煙に船を繫ぎ明くれば松江の風に帆を揚げ浪路に日数を重ぬれば、都を御出あつて後廿六日と申すに御船隠岐の国に着きにけり、

とありて、安来津より東北方美保開を経て隠岐に航するには西方なる松江より吹き来る追風に帆を挙げたりとの意にも解せらる。此場合には松江を実名詞と

見らる。然れども又蘆岸の煙と松江の風と対句なる形容詞と見られざるにもあらず。嘗て尼子毛利時代の文書に松江なる名を見たる様記憶するも今的確に之を指示し難し。懐橘談に「唐の松江に地境相似で鱸魚蒓菜又多し、故に先の国守堀尾出雲守忠氏富田の城を此地へ移し松江と名づけぬ、今国司の府なり、」と記し雲陽誌に「城下末次白潟の二邑を松江と名付玉ふ事は異朝に呉といふ国に松江といへる所あり、此湖の中に鱸といふ魚蓴菜といふ水草ありて名物なれば松江と名付玉ふといへり」と載せ雲陽大数誌にも「松江と名を付る事圓成寺開山春龍和向の作なり、唐の松江鱸魚と蓴菜とあるがゆへ名産とす、其城ズンゴウに似たれば松江と称すと云伝ふ」とありて此の地紫蓴碧鱸を産し漢土の呉淞に類せしより堀尾家移城の際圓成寺の僧春龍は終に松江と命名せりとの伝説なり。然れども吉晴忠氏が松江に移城を企つるに当り市南の床几山に上り亀田山城地の価値につき忠氏は大手には白潟の渡と松江の渡との二所ありて要害堅固なりと説ける由も見ゆれば移城前已に今大橋川には松江渡の名も見えて大平記の記事と参酌せば蓋し古名に基けるものを公称となせしものか。藩祖御事蹟に「此の地形呉国の松江に似て鱸魚蓴菜をも生ずる故に圓成寺の僧春龍が考にて松江と名づけたるよし申伝へて書類にも見えたり、黒澤三右衛門弘忠の考には春龍が名を撰めりといふ事は如何あらん、太平記に既に松江の名ありといへり、又偽書なりといふ事にはあれども大江廣元日記にも松江港といふ名あり、依て或る説には古より間には唱へし事もあれども定りたる名にもあらざりしを、此時に新たに城下の称号とせられたるによりて、始めて其名の定まれるならんといへり、左もあらんか、姑く疑を存して博識の君子を待つ」といへるは妥当の見解なり。

参考⑥『松江市誌』（野津静一郎・上野富太郎一九四一）

第一編　第二章　第五節　松江と云ふ名称の起こり　堀尾氏が此の地に移城してより、白潟、末次二郷を併せて之を松江と称した。此の名称の起源につきては種々と伝へられるが、（一）松江の地が支那浙江省の松江府の名を借りるものであるとの説である。同府は西湖に瀕して風光美しきことゝ、又鱸魚、蓴菜を産することが相似てゐるから堀尾氏が松江の名を借りて之に名づけた由懐橘談、雲陽誌に記載してある。（二）甫庵の命名したとの説で、新井白石の紳書に小瀬甫庵のことを述べて「堀尾の家に仕へ雲州を領地の内今の松江の城をば縄張して鱸の名所也とて松江と名付くは甫庵也」とあり。（三）春龍説であって雲陽大数誌には「松江と名を付る事圓成寺開山春龍和尚の作なり。唐の松江鱸魚と蓴菜あるがゆえ名産とす。其の城ズンゴウに似たれば松江と称すと伝ふ」とあり。此の三説によって松江の名は開府当時から椒められたことになる。

参考⑦「松江の地名由来」『山陰の城下町』（山陰中央新報ふるさと文庫12）（入谷仙介一九八二）

中国風の名前　要するに湖畔に茂る緑の松に永遠の繁栄の願望を託し、旧来の地名を拾い上げることで、新領土に対する姿勢を示し、あわせて当時の中国風好みの世相をも取り入れて、松江の名を決定したと思われる。

戦国末期から江戸初期にかけて、奈良・平安のころには貴族特権階級のものでしかなかった中国趣味が、武士から庶民のレベルまで下りてきた。人々は中国風に軽快にはねる発音をあやつるのを喜び、煎茶瓶で茶をのみ、中国渡来の菓子であるまんじゅうを好んで食べた。

地名にも、この習いは及んだ。もともと古代から、詔勅、律令で、中国にあやかって地名には二字のよい字を使うよう定められていた国がらである。大名の城府にも、中国にちなんだと伝えられるものが他にある。吉田東伍『大日本地名辞書』によれば、織田信長の岐阜、明智光秀の周山は、いずれも古代の中国の周王朝発祥の地を慕ってつけた名といわれ、伊達政宗の仙台は、伊勢の儒者、津阪東陽の『夜航詩話』に、唐詩に出てくる仙人の住所から採ったとする。

中国にあやかる　松江という字面は、日本人には、懐かしさをおぼえさせる文字であったようだ。山口県宇部市に宗隣寺という寺がある。この寺の山号を松江山という。ここは平安時代に唐の僧が来て寺を開き、地形が故国の松江に似ているのでかく名付けた。その寺はのちにすたれ、その跡へ宗隣寺が建てられたが、山号はそのまま引き継いだという。

今日でも中国風の地名がよいという感覚が日本人に残っていることは、松江で近年になっても湖北農協や湖南中学校が作られたことからも知られる。たとえ百歩を譲って、中国の松江とわが松江とが全く無関係に命名され、後の人がたまたまこの暗合に気付いたのにすぎなくても、気付いた人、またそのことを知った人はそのことを喜び、語り伝えたことはまちがいなく、その意味で、中国の松江にあやかって名付けられたという説は正しいといえよう。

松江は中国の地名としては、今の上海特別市の松江県であると長く信じられてきた。松江県は今でこそ上海の衛星都市の一つにすぎないが、かつては繁栄した大都会であった。その歴史は古いが、元の時に、この地に松江府が置かれて以来、江南の交通・商業の中心として、全国でも指折りの都会となった。江南、揚子江下流の地は、全中国のうちで最も豊かな沃土であり、米・茶・絹・工芸品などの世界的な大産地であり、それに伴い商業貿易が盛んで、多くの都会がこの地方に発達していた。松江府も、その中で最も繁栄していた一つである。府というのは、省の下に位し、日本の府県に相当する行政単位であり、また府庁の所在する都市をもいう。

もともと松江府は大湖から流出し、管内を流れる呉淞江（ウースンコウ）の旧名、松江に由来する名である。呉淞江（松江）は呉江県において太湖から流出し、その流出口には名橋、長橋が架かる。その風景は唐末の詩文にしばしば描かれる。ところが、松江府が繁栄するに伴い、中国人さえ、かつての松江が呉淞江、ことにその長橋付近をさす言葉であることを忘れていった。中国の風景をまのあたりに見る機会の少なかった日本人が、名都松江府を古来からの松江と思いこんだのも無理はない。その上、この松江府も鱸魚の産地である。松江の鱸魚は和名カワノカミという魚だともいわれるが、ふつうはスズキにあてられる。スズキは宍道湖七珍の筆頭格の美味であることはいうまでもない。いっそう紛らわしくなったゆえんである。しかし、平原の中の都会である松江府の風景に松江市が似ているというのはおかしい。似ていると日本人が思った場所は、太湖の松江でなければなるまい。

参考⑧『松江城物語』（島田成矩一九八五）

松江の公称年代　「松江」という地名の発生については、かつて「松江城城下図と城下町（二）」（『松江高専紀要』第十二号）において述べたところであり、その趣旨は今も変わっていない。結論をさきにいえば、要するに中世に「松江」という地名があったとするのは誤りである。それまでは末次と白潟が一定の地域をさす言葉として使われ、この中にさらに小さい地域をさす地名があった。そして築城開始時に、この末次と白潟の両地域を総称して「松江」という地名が命名された、とみるのが最も自然で正しいということである。

参考⑨「椿説　松江地名考」『湖都松江　Vol.1』（藤岡大拙二〇〇一）

ところで、ここに一つの史料がある。それは出雲紀行という旅日記。神道大系（文学編）に集録されてから、ようやく我々の目にもふれ得るようになった。

この旅日記は天文三年（一五三四）越前福井の人大森正秀が、出雲大社に参詣するときの道中記である。そのころの出雲は戦国大名尼子経久の全盛時代で、享禄三年（一五三〇）反逆した三男塩冶興久の首が、備後山内氏から富田城の父経久のもとへ送られてきたのが、天文三年のことであった。

さて、四月初旬に福井を出発した正秀は、十五日京都に到着、ついで「はりまの国姫路の府を過し」、それより山路にかかってけわしい中国山脈を越え、「さつきの二日、出雲の松江の府に至る。此ほとりを錦浦といへるよし人のいひければ、あかねさす日影うつりて江にあらふ　にしきの浦や波の曙」と記している。

すでにお気づきのように、松江築城より七十年も前、「松江」という地名が存在したのである。「府」は国府のような行政の中心を言う。この時代、まだ近世大名の行政府は松江にできていない。戦国大名尼子氏の府は富田城であって、松江のあたりではない。とすれば、播磨の国府のあった姫路を正秀は「姫路の府」と呼んでいるように、出雲の国府のあたりを「松江の府」といったのであろう。かつての国府のあったあたりを流れ下る意宇川の河口、錦の浦の入江には磯馴松が生い連なり、美しい風景を呈していた。そこから松江という地名が生れたのではなかろうか。

かくして興味深い問題が生ずることになった。

第一に、松江という地名は中国浙江省松江府と宍道湖が、鱸や蓴菜を産することであい似ているところから成立したとの国際的なエピソードは、後世の付会ということになりそうである。

第二に、今まで松江の範囲は末次・白潟二郷からなる城下町と考えられ、近世都市のイメージが強かった。ところが、松江という地名は古代出雲文化の花開く意宇平野において、少なくとも戦国時代には成立していたことが明らかとなった。松江は近世城下町よりも古いことは当然だが、成立当初の松江には古代のイメージが濃厚だったのではないか。

いずれにせよ、松江のイメージ戦略は変えられなければならないだろう。

参考⑩『城下町松江の誕生と町のしくみ』（松江市ふるさと文庫5）（松尾寿二〇〇八）

松江の地名誕生　新しい城下の町が「松江」と呼ばれるようになったのもこのころのことといわれる。吉晴に招かれ、浜松からはるばるこの地にやって来て瑞応寺を開山した春龍和尚は、この地の湖と大橋の風景を眺め、湖から鱸や蓴菜がとれるのを見て、鱸魚を名産とする中国の太湖・呉淞江（ウーソンヂアン）とそこに架かる長橋を思い浮かべ、景観と産物の類似から呉淞江の旧名「松江（ソンヂアン）」を和風に読み替えて「まつえ」という名を吉晴に進言したといわれる。

この伝承がいつごろからいわれるようになったか定かではない。黒澤石斎『懐橘談』には、末次のことを説明して「此邑今は松江と云、唐松江に地境相似て、鱸魚・蒓采又多し、故に先国主堀尾出雲守忠氏富田の城を此地へ移し松江と名けぬ」とある。この書は、承応二年（一六五三）六月松平直政の世子綱隆（二十三歳）の初入部に同行した藩儒黒澤石斎（四十二歳）が、江戸出立に際し家に残る母に頼まれ、難波以西の旅の見聞、出雲に滞在中の見聞を、土産話として書き記したもので、石斎は出雲滞在中暇さえあれば方々へ出向き、土地の宮司、寺僧、古老に話を聞き、疑わしい話は里人の口伝とも照合しながら書き記していったものであり、松江開府から四十五年ほどしか経っていないころの地名由来の巷の説として「中国の松江（呉淞江）との景観の類似、鱸・蓴菜という産物の類似」がいわれていたことを反映している。つぎに、正徳の治で有名な新井白石は「今の松江の城をば縄張して鱸の名所也とて、松江と名付しは甫菴也」と述べ、鱸が土地の名産であることを理由に城下町の名を松江と名付けたのは、築城の縄張を担当した小瀬甫庵であると認識していた。さらに、享保二年（一七一七）に藩儒黒澤長尚が著した『雲陽誌』には、「城下末次・白潟の二邑を松江と名付け給ふ事は異朝に呉といふ国に松江といへる所あり、此湖の中に鱸といふ魚、蓴菜といふ水草ありて名物なり、此城下宍道湖の水中にも鱸魚・蓴菜ありて名物なれは松江と名付け給ふといへり」とある。景観の類似は抜けているが、鱸・蓴菜が名物として強調されている。また『雲陽大数録』には、「松江と府名を付る事、圓成寺開山春龍和尚の作なり、唐の松江、鱸魚と蓴菜と有るか故名産とす、今城府も其すんこうに似たれは、松江と称すと云々」とあり、『雲陽大数録』が書かれた当時としては圓成寺に改称していたが、開府当初は荒和井山台地の南端に瑞応寺を開山した春龍和尚の名が登場した。こうして次第に湖水とその流出口にかかる大橋の風景、鱸・蓴菜という産物とが中国の太湖とその流出口呉淞江にかかる長橋の風景、鱸・蓴菜という産物の類似ということを指摘した春龍和尚または小瀬甫庵、あるいは両者が堀尾吉晴に進言して命名されたとする説が定着してきた。

　これに対して、天文三年（一五三四）越前福井の大森正秀なる人物が出雲大社参拝の旅に出て書いた『出雲紀行』に「さつきの二日、出雲の松江の府に至る」とある松江の府に注目し、それを大草町の出雲国庁跡から意宇川の河口あたりにかけての地名と想定し、「松江は意宇川流域の狭い地名から発生し、末次・白潟二郷を含む広い地名に拡大した」という意見や、松江という地名は全国いたるところにあることを前提に、島根大学附属図書館所蔵の寛永十年（一六三三）出雲国絵図では大橋以北の城地に「末次」と大書きされ、以南の中洲（白潟）に「松江」と小書きされていることから、この段階では松江という地名は意宇郡の松江（白潟）に過ぎず、城下町全体を表す地名ではなかったという意見がある。こうした意見は従来の春龍・甫庵らによる中国地名導入説に対するアンチ・テーゼとしては興味深いが、城地となった「末次」の地名を凌駕して城下町全体の地名となった経緯の説明がほしいところである。

付章　松江城築城頃の地理・歴史的環境

松江城が所在する松江市は、山陰の中央部に位置する人口約二十万人の中核都市である。市の南郊部の大草《おおくさ》町や山代《やましろ》町には、古くは出雲国府が設けられ、古代から中世にかけては政治、経済の中心地として繁栄していた。また、大橋川を通して中海や日本海ともつながり、中世以降、水運が盛んになると、交通の要地である宍道湖東岸の末次《すえつぐ》や白《しら》潟《かた》が大橋川沿いの物資集積地として発展した。

近世に入り、この二つの町を取り込んだかたちで、湖畔に城下町が形成されたため、近代以降、松江は古い景観を残す「水の都」として広く知られるようになった。加えて、古くからの文化財も市内には多く残っており、戦後に国際文化観光都市に指定されている。

松江城は松江市殿町に所在する平山城である。内堀に囲まれた標高二十八ｍの城山には、頂部に本丸があり、その南に二之丸が造られ、周囲には各郭が配置されている。本丸には天守が築かれ、二之丸と三之丸には御殿が建てられていた。明治維新後は、松江が県庁所在地となり、三之丸に島根県庁が置かれ、本丸、二之丸は天守を中心として公園化が図られて、現在に至っている。

本章では、初期松江城についても「松江城」として紹介する。

一、地理的環境

出雲国の北には、日本海が広がり、南には中国山地に連なる山々が横たわる。中国山地からは、一級河川の斐伊《ひい》川と飯梨《いいなし》川が北流し、下流部には出雲平野や安来平野が形成され、両河川とも汽水湖の宍道湖と中海にそれぞれ流れ込んでいる。また、日本海に面する北端には、島根半島が東西に延び、その南側には宍道湖と中海、さらに平野が存在する。出雲国では古くから平野部を中心として水運が発達し、他地域との交流も盛んであった。

中央部の松江平野は、中海と宍道湖を結ぶ大橋川や周辺の中小河川の沖積作用で形成された東西四km、南北二・五km、標高は二〜三mの狭い三角州である。この平野は大橋川を挟んで、両側にある南北の二つの砂州とその付近の沖積地からなる。北側の砂州（末次砂州）は、中原から東本町までの東西方向に形成され、宍道湖との低地を区切っている。南側の砂州（白潟砂州）は宍道湖東岸に位置し、白潟本町から竪町、さらに床几山《しょうぎさん》の麓にかけての南北方向に存在する。

　砂州が発達すると、背後には潟や潟湖が形成される。古くは、松江城のある亀田山（今の城山）を挟んで、東西に潟湖が存在した。西側には、奈良時代の『出雲国風土記』に載る「法《ほほ》吉坡《きのつつみ》」（周囲二・七km、深さ二・一m）がある。島根大学附属図書館所蔵の「堀尾期松江城下町

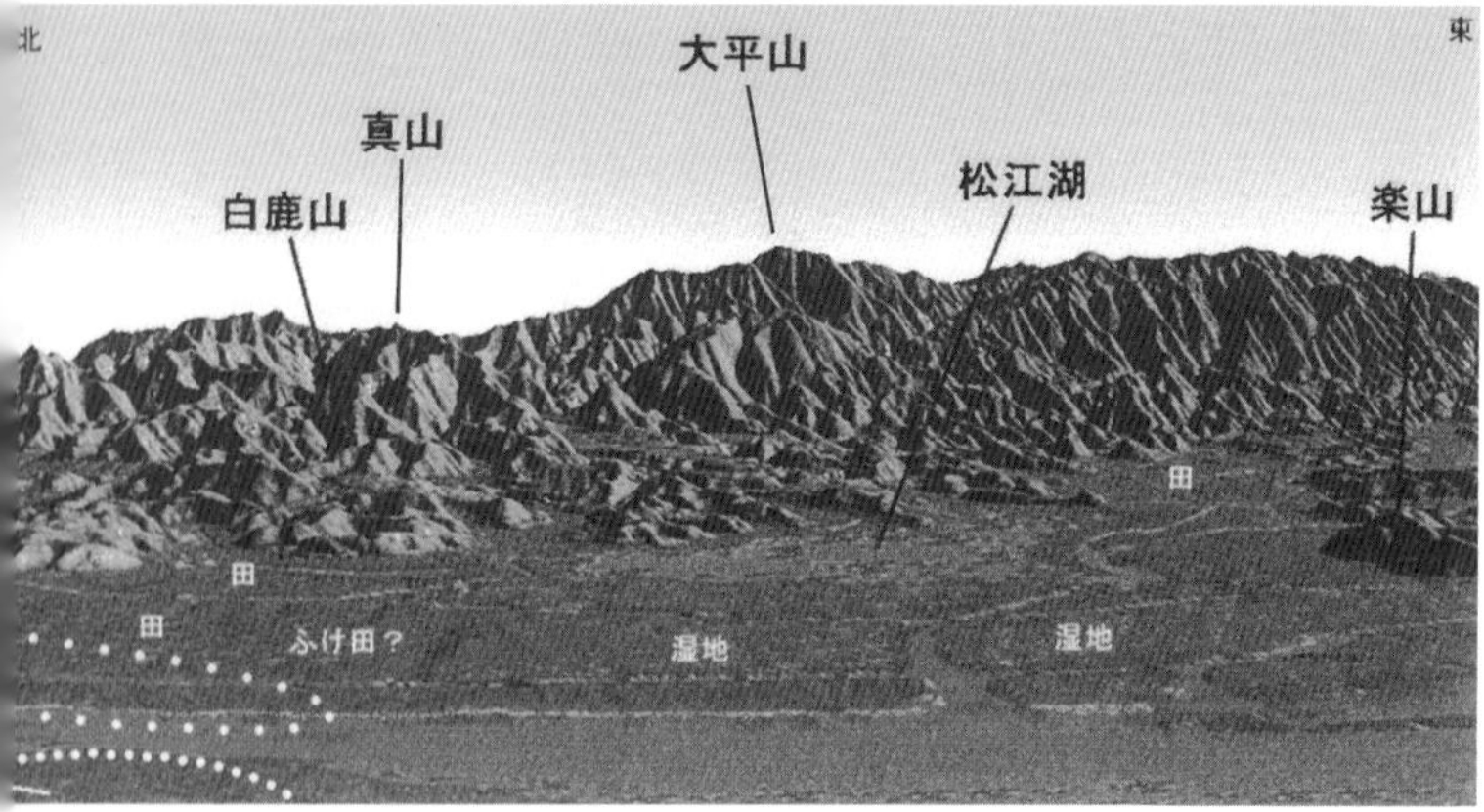

頃『松江市史』別編1「松江城」より）（渡辺正巳氏作製）

絵図」には外中原町の北側から黒田町にかけて「ふけ田」（深田）と記載されており、中世には潟が土砂で堆積し、江戸時代初めには湿田に変わったと推定される。城の東側は、「絵図」では「沢」と書かれた中州状の低湿地帯が連なり、さらに、北東部の奥谷町の東側から菅田《すがた》町にかけては水域として描かけている。この部分は江戸時代には、新田開発により埋め立てられ水田化していった。一方、大橋川より南側については、松江大橋から竪町にかけての白潟天満宮通り一帯は南北に延びる砂州上にあり、周囲より少し高くなっている。中世から近世には、西側は宍道湖岸であり、東側は寺が並ぶ寺町となり、その外側には「ふけ田」や「田」と書かれており、水田が広がっていた。

図1　松江平野北部鳥瞰図（慶長5年（1600）

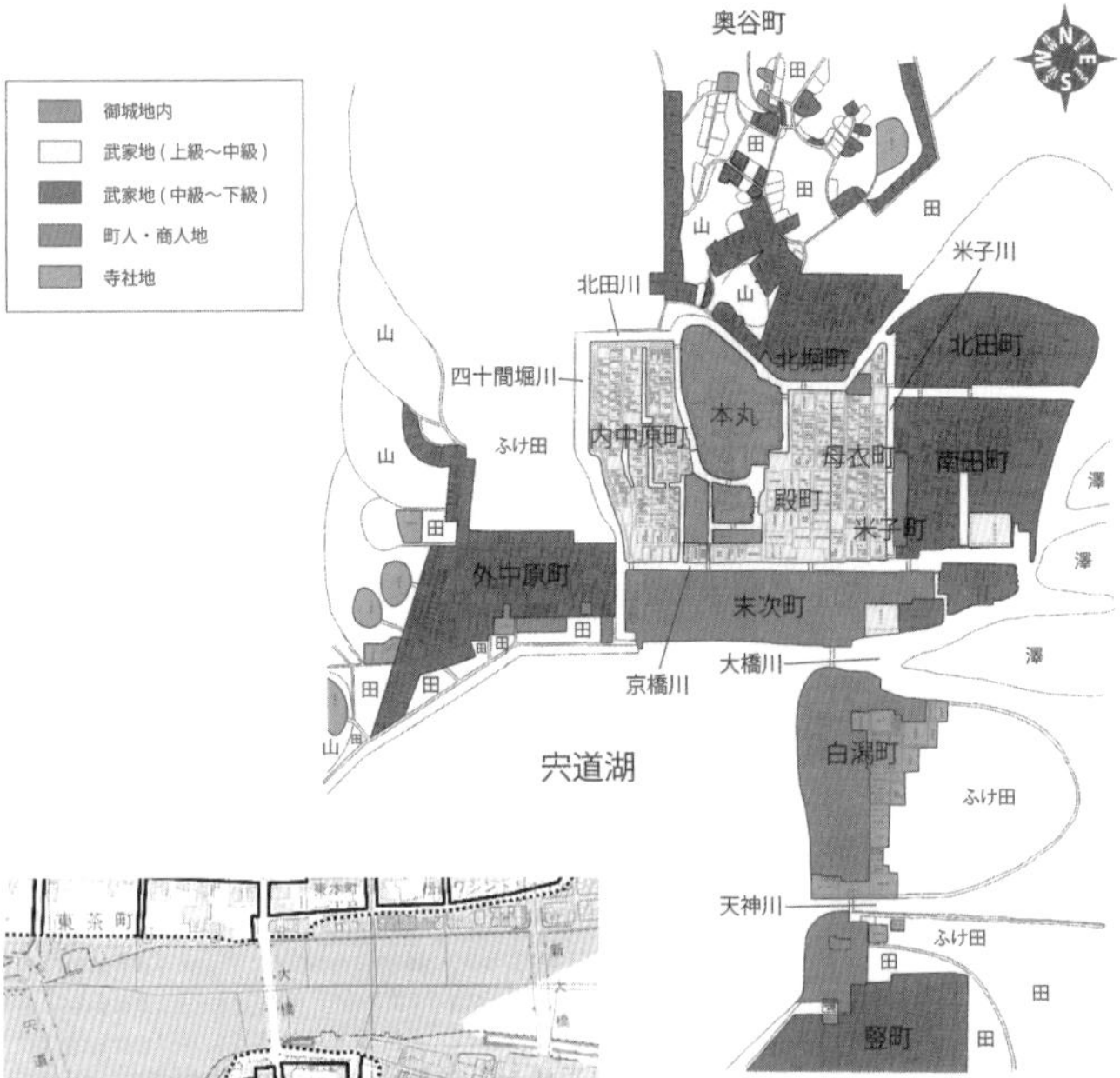

図2　松江城下町の範囲と江戸時代の階層区分
(17世紀前半)
(『松江城下町遺跡～大手前通りの調査成果～』松江市より)

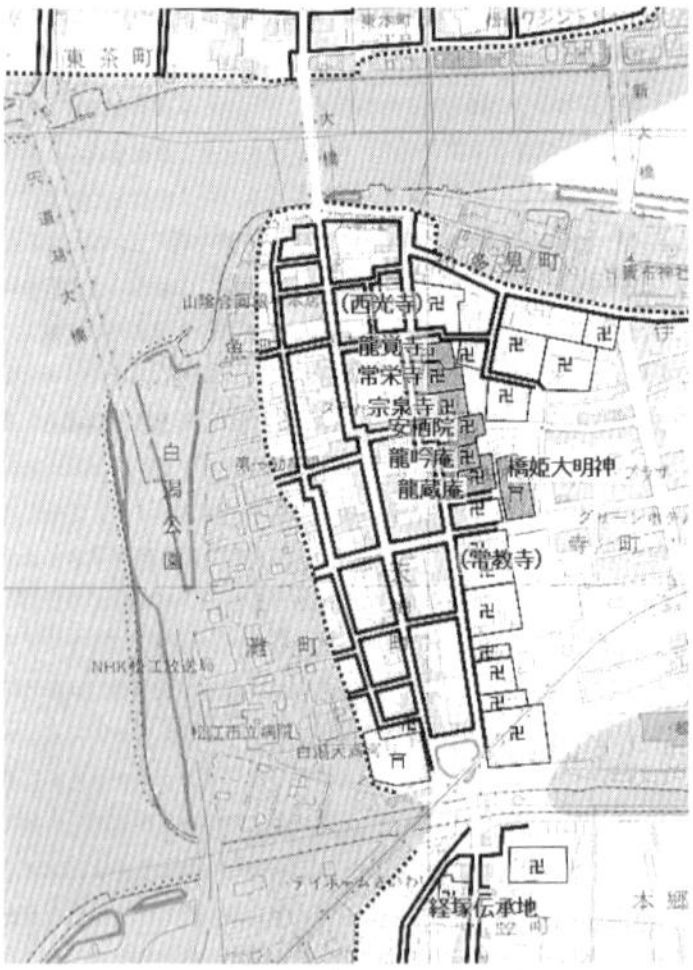

図3　中世白潟関係地図
(『松江市史』通史編2「中世」より)

松江城と周辺部の地形　松江城は、島根半島から派生する低丘陵の先端部に築かれた平山城である。城下町であった市街地は宍道湖岸近くに位置し、現在は城山の麓から大橋川の川沿い、さらに南に位置するJR松江駅から国道九号沿いまで広がっている。しかし、松江城ができる四〇〇年以前までは、宍道湖の東側には幾つかの船着場が点在するものの、湖岸一帯は葦などの水草に覆われた湖岸が多かったと想像される。

　宍道湖と中海を繋ぐ大橋川の入口付近には、砂州が発達しており、中世にはその砂州上に末次と白潟と呼ばれた港町が所在した。また、大橋川の幅は今日に比べて広く、大小の中州も多く点在していたことであろう。

松江城築城直前の自然環境　松江城の大手前から城下町の東端に通じる城山北公園線（通称は大手前通り）拡幅工事に伴う発掘が平成十八年（二〇〇六）から十年にわたって実施され、城から城下町の東端まで、細長いトレンチ（試掘時に設定する帯状の溝）を一本設けて城下町の造成前の状況を把握する格好になった。併せて、この調査では多くの遺構や大量の遺物が発見され、堀尾期の湿地を埋め立てた造成の状況や水害を予期しての時々の嵩上げ造成の様子等も確認できた。

　発掘調査に伴って実地された自然科学による分析では、城下町形成以前の耕作状況や自然環境に関する知見も多く得られている。地表下一・五m程にある城下町造成前の地層は、城から東に行くに従って徐々に低くなっている。また、城下町の東端では、汀線近くの水中で土が堆積した状況を示す縞状の粘土層の「ラミナ」が標高○m付近で検出されている。それは、西から東に汀線が移動しながら土砂が堆積したことを示している。

　城下町の中間部にあたる外堀近くの母衣《ほろ》町において、築城前の畦畔を伴う水田遺構が検出されている。報告書によれば、水田面から

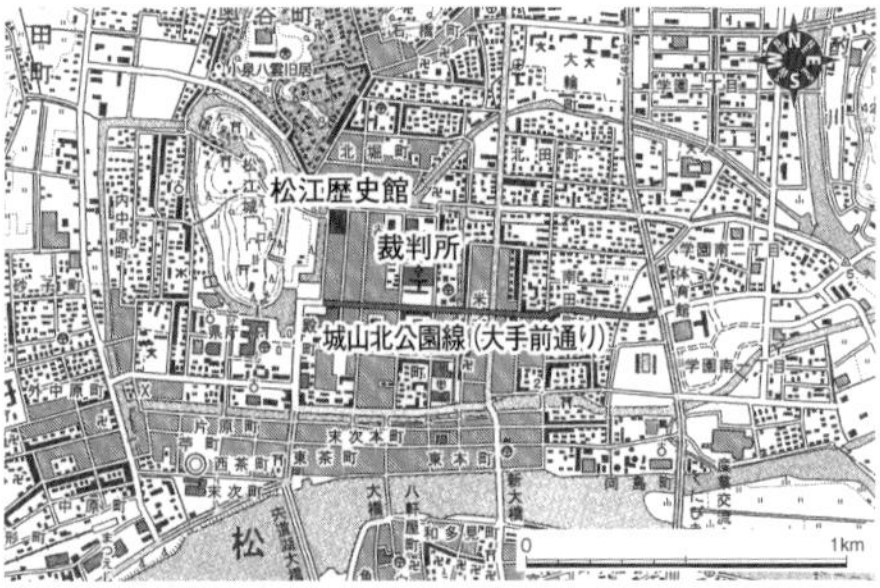

図4
松江市橋北地域における松江城下町遺跡の発掘調査箇所
松江歴史館・裁判所・城山北公園線（大手前通り）

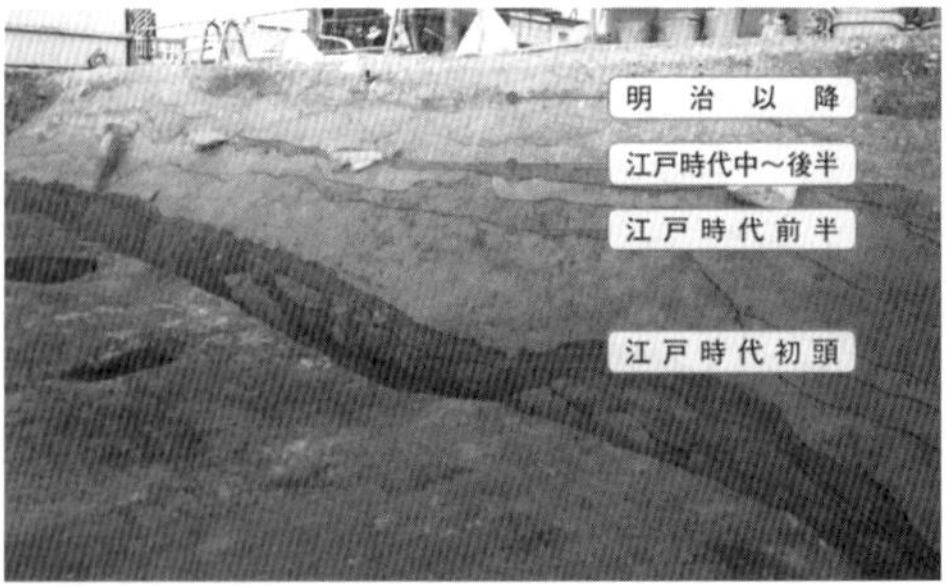

図5
繰り返される造成（南田町）
（『松江城下町遺跡～大手前通りの調査成果～』松江市より）

は稲作に関連する花粉化石のほか、ソバの花粉化石も検出され、稲作のほかに裏作でソバが栽培されていたことが知られた。周辺部でも稲作に関連する花粉化石が多量に検出されており、この一帯には水田が存在していたと推定される。この地層からは、水草やイネ科の花粉化石も多量に認められており、水田以外に、東側には低湿地が広がっていたことを物語っている。

二、開府以前の松江

松江城が築かれる以前の松江の歴史を以下で概観しておきたい。

古代には、大橋川入口部や宍道湖沿いの集落については、『出雲国風土記』にはほとんど記述がなく、その後の史料も少ない。

一方、大橋川が中海に注ぐ竹矢《ちくや》町から山代町にかけては、出雲国府域にあたり、特に大草町や竹矢町には古代から中世前半にかけて、出雲国府や国分僧尼寺が置かれて、出雲国の政治、文化の中心地となる。古代末から中世前半には、中世府中として国府域が出雲国の政治的中枢としての機能を維持していた。但し、鎌倉時代後半には守護の佐々木氏が守護所を出雲国西部の神門郡塩冶《えんや》郷（出雲市）に移す等の動きがあったものの、室町時代には、京極氏が出雲国の守護となると、再び守護所は松江市竹矢地区周辺に置かれている。その後、守護所が東部の能義郡富田庄（安来市広瀬町）に移り、富田城周辺が政治の拠点となっていく。特に、戦国時代には守護代の尼子氏が勢力を伸ばし、尼子経久の時期になると守護京極氏から独立し、戦国大名として自立する。経久と孫の晴久の時期には周辺の国にも覇権を広げるようになっていく。しかし、永禄九年（一五六六）には、晴久の子義久は安芸国の毛利氏に屈し、出雲国は毛利氏の支配域となる。

　天正十九年（一五九一）、豊臣秀吉より吉川広家に出雲国意宇郡、能義郡をはじめ、伯耆国（鳥取県西部）西部の汗入郡、会見郡、日野郡の地域が与えられ、富田城が居城となった。広家は領内の中央部で、水陸交通の要地である伯耆西部の湊山（米子市久米町）に新たな城造りを始めた。しかし、朝鮮出兵が始まり、領国に居ることも少なく、城が完成に至らないうちに、慶長五年（一六〇〇）の関ヶ原の戦いが起こった。西軍の毛利氏は防長二か国に減封され、一族の吉川広家も岩国へ移り、その年の末に、新しい領主として堀尾忠氏が父吉晴とともに富田城に入ることになる。

末次と白潟　松江市街地は、古代より大橋川を挟んで、北側の末次は島根郡に、南側の白潟は意宇郡に属し、前記したように町屋は両岸にある砂州上に形成されていた。
南北朝期の十四世紀末にできた伯耆国の『大山寺縁起絵巻』には、中海から宍道湖東部の様子が鳥瞰図的に描かれている。松江とみられる場所には、松江大橋の前身の木橋が架かり、橋の両端は、郡域は違うものの、この橋により、末次と白潟が一帯となっていたと考えられる。白潟を描いた絵図として最も古いものは「堀尾期松江城下町絵図」であり、現在の白潟本町、天神町を中心に町屋と神社、寺院が配置されて、西側には宍道湖が、東側には広い範囲で「ふけ田」が認められる。

明応四年（一四九五）の古文書『松浦道念寄進状』（売布《めふ》神社文書）によれば、白潟にはリーダーである「目代」が二名おり、さらに「おとな中」と呼ばれた有力者の存在が分かる。この史料により、町場には中町と白潟の二つの町が存在したことも知られる。また、中世末には「延喜式」に載る売布神社（白潟橋姫大明神）や寺院が数か寺存在していた。

十六世紀中頃に編纂された中国明朝の地誌『籌海図編《ちゅうかいずへん》』には、宍道湖、中海付近の港として美保関（松江市）、安来津（安来市）、平田（出雲市）、および白潟が記されている。当時の白潟は日本海航路と内海水運とを繋ぐ、出雲東部において主要な港町の一つと理解されていたのである。このことを裏付ける史料に、天正三年（一五七五）に書かれた「中務大輔家久公御上京日記」（『島津家文書』）がある。この日記には、薩摩（鹿児島県）の武将島津家久が上京後に山陰経由で帰国した折、伯耆の米子から出雲の平田への船での移動中に、白潟の小三郎という住人の家で昼休憩をしたことが記載されている。この少し前、史料（年未詳十月二十一日毛利元就奉行人連署書状写）から毛利氏の家臣河村又三郎が白潟、末次、中町の「磨師・塗師・鞘・銀細工悉司」に任じられており、刀剣や武具を製造する職人が居住していたと考えられる。なお、白潟は永禄十二年（一五六九）に、毛

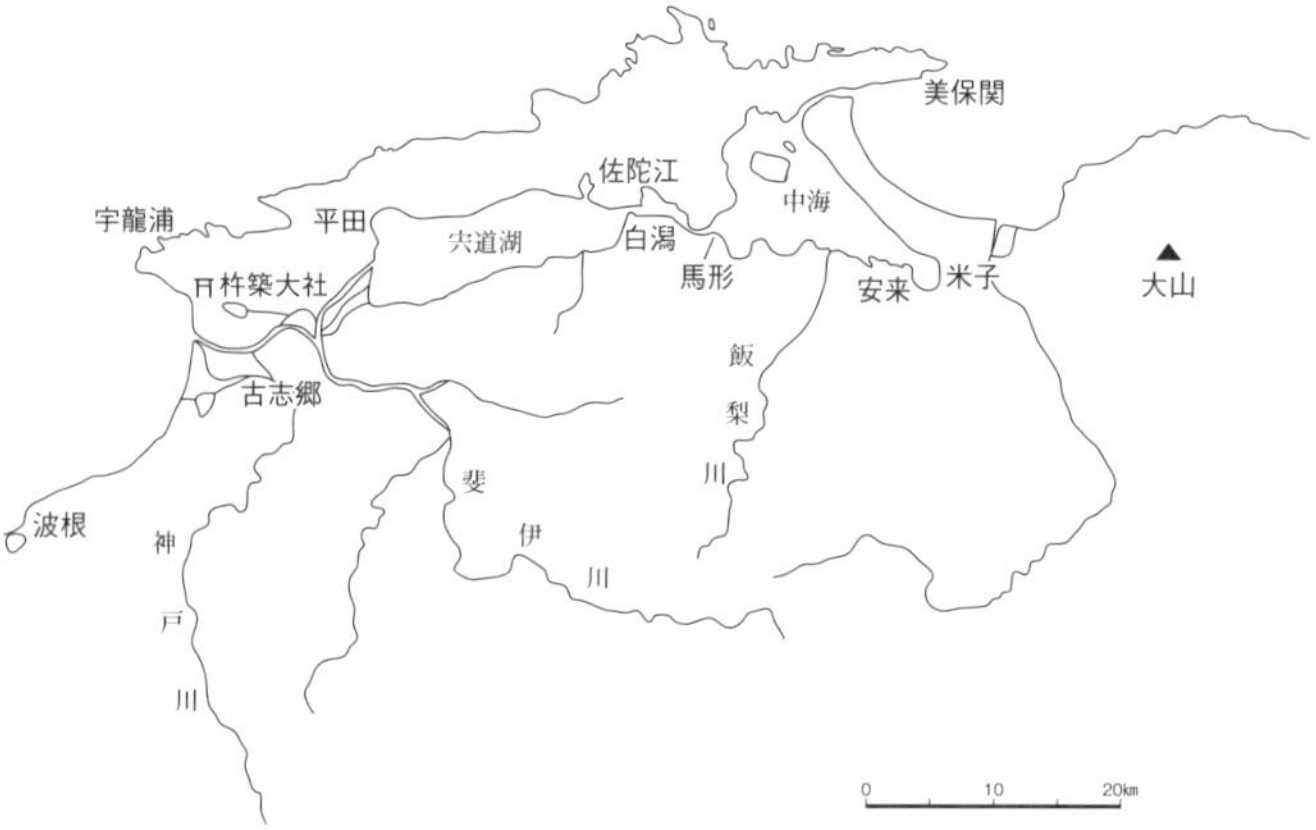

図6　中世島根半島周辺推定図
（『松江市ふるさと文庫15　中世水運と松江』より、一部改変）

利氏から仁多《にた》郡の国人領主三沢為清（宗程）に与えられ、天正十九年（一五九一）以降は吉川広家が支配することになる。

末次については、江戸時代初めには、亀田山周辺に末次村があった。慶長十一年（一六〇六）の「阿羅波比《あらわい》神社文書」（『松江市史』別編1「松江城」一〇一八）によれば、城下町建設に伴う住民の中原村へ移転するにあたり、既得権を保証する内容であり、これにより、末次の町屋付近から亀田山周辺には、集落が幾つか存在していたことが分かる。この集落は中世前半にまで遡り、嘉元二年（一三〇四）の文書に、末次荘の中にある亀田村の記載があり、その村内には山野や田畑の存在していた。このことについては、近年行われた松江城下町遺跡の発掘調査において、母衣町などで水田跡が検出され、また僅かであるが、中世の陶磁器や宝篋印塔などが出土しており、考古学資料からも裏付けられている。

これまでに記したように、戦国時代以降、大橋川を挟んで所在する白潟・末次の両町には手工業や水運に従事する町衆の住居が増え、また、古くからの神社や寺院も点在しており、宍道湖、中海を介しての経済活動の拠点として重要視されていった。これらの情報を慶長五年（一六〇〇）に入部した堀尾吉晴と忠氏父子は、富田庄に住む田中又六などから事前に得ていたうえで、末次周辺部の丘陵を城地の候補地とし、中世の港町を城下に取り込む都市計画を設けたと思われる。その経緯が、後に『松江亀田山千鳥城取立之古説』にある荒隈《あらわい》山と亀田山との城地選定物語となっていったと考えられる。

三、末次城と周辺部の主要な山城

松江市内には、戦国時代の山城跡や居館跡が一〇〇か所に上る。その中で主要なものに、大橋川の北側には満願寺城、荒隈《あらわい》城、白鹿《しらが》城、真山城、和久羅山城が知られ、南側にも、茶臼山城、玉造要害山城、熊野城などの城跡がある。また、尼子氏と毛利氏との雲芸攻防戦にかかる城跡として、文献に多く出る城には荒隈城、末次城、白鹿城、真山城などが挙げられる。特に、毛利元就と尼子氏の富田城の攻防戦では、荒隈城が最前線となり、尼子氏第一の支城とされた白鹿城を陥落させている。この時期に、後に松江城が築かれた亀田山も末次の町の北側にあり、荒隈城との関連で要塞化された可能性がある。後世の文献に出る「末次城」がこの場所に当たるかの確証はないが、「出雲国図」（東京大学総合図書館所蔵）には「松江城」ではなく、「末次城」と記されているので、

寛永十年（一六三三）の頃には亀田山の城が公式には末次城と呼ばれていたと考えられる。**（第三章参照）**

以下、松江城の「城地選定物語」に関わる荒隈城と末次城、および白鹿城をはじめ、周辺部の山城の概要を述べたい。

末次城　末次城の所在地に関しては、戦前には荒隈山周囲の丘陵とする説と松江城が築かれた亀田山とする二説があった。現在では、後者と捉えられているが、郭等の遺構をみるとその後の松江城の築城により大きく改変され、本丸と北之丸との間にある堀切以外は中世の痕跡はほとんど確認できない。

文献では、出雲守護佐々木氏の一族末次氏がこの地を支配していたとされる。時代が下って、戦国時代の天文元年（一五三二）に起こった尼子経久と三男興久との戦いである「尼子興久の乱」で、興久がこの城を攻めたとされる。また、永禄七年（一五六四）に、尼子氏攻めに毛利方として地元の野村士悦等に末次城を攻略させ、その後に湯原春綱などと共に在番を命じている。尼子勝久の尼子家復興戦では、尼子方により土塁が築かれたといい、元亀元年（一五七〇）に毛利氏に攻められ落城している。同年八月、毛利氏は兵糧米百俵を、杵築《きづき》（出雲市大社町）から平田経由で末次城へ運び入れ、備蓄させた。なお、この城の重要度を物語ることとしては、毛利元就の八男元康を末次元康と名乗らせ、富田城に入る前にこの城を一時期守らせたことも挙げられる。

江戸時代になると、亀田山に松江城が築かれるが、最も古い絵図である寛永十年（一六三三）出雲国絵図には、前述した如く松江城のある場所に「末次城」と書かれている。

荒隈城跡（松江市国屋町）　永禄五年（一五六二）十一月に、毛利元就をはじめ、その子吉川元春、小早川隆景等の毛利軍が、白鹿城や尼子氏の居城富田城を攻略するために築いた陣城である。

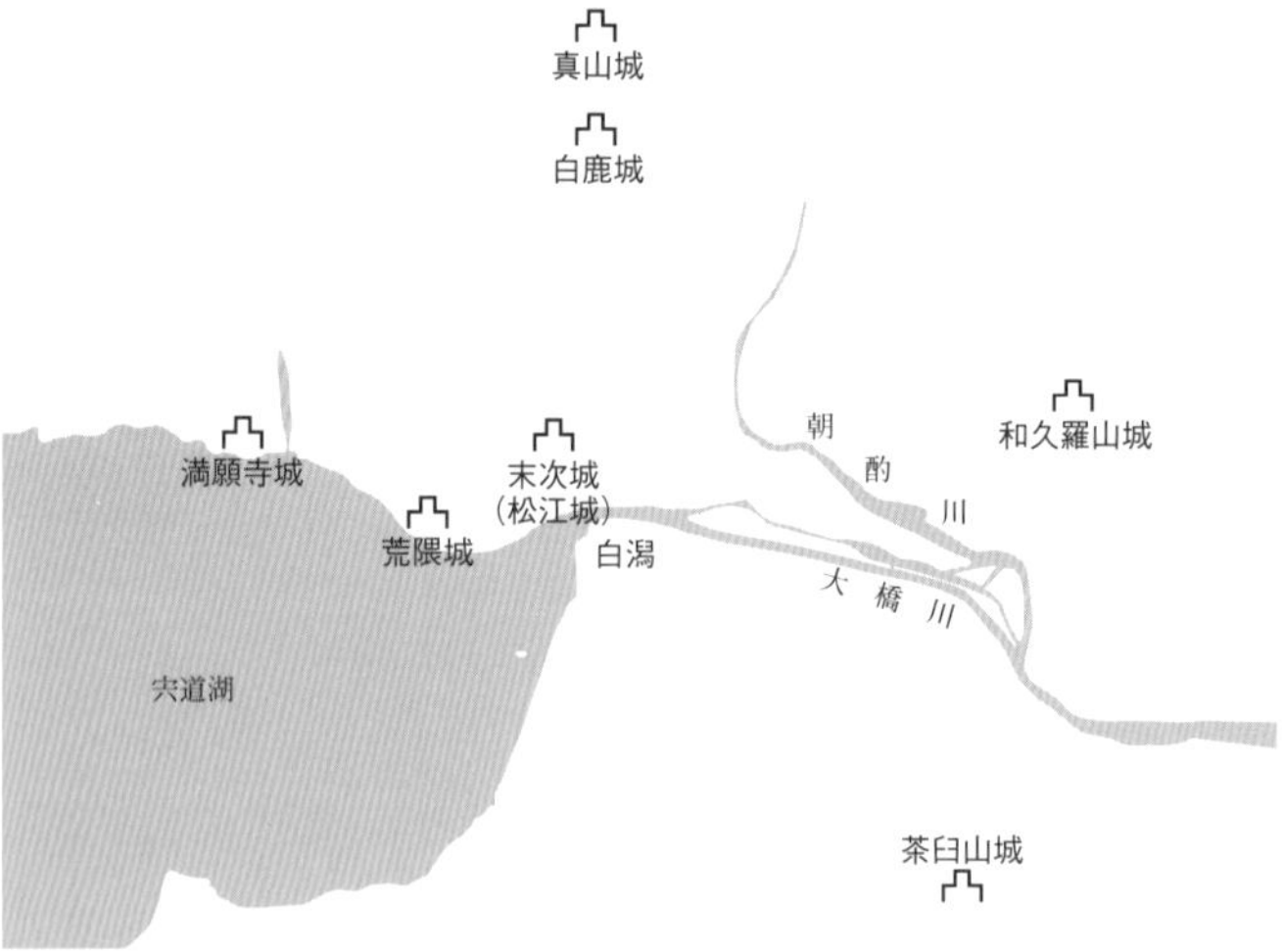

図7　松江城周辺の主要山城

図9　白鹿城跡

図8　荒隈城跡

図11　和久羅山城跡

図10　真山城跡

図13　茶臼山城跡

図12　満願寺城跡

図8～13　松江城周辺の主要山城写真

翌年秋には白鹿城を、その三年後の永禄九年（一五六六）には富田城を開城させている。

城は島根半島から宍道湖に向かって延びる低丘陵上に築かれ、東西一・三㎞、南北〇・五㎞の範囲に郭と推定される平坦面が点在するが、まとまった郭群が集中する場所は認められない。また、丘陵の大部分は、宅地造成により開発され、当時の地形を見ることはできない。

発掘調査は殆んどなく、遺構からの情報は少ない。唯一、昭和五十四年（一九七九）に行われた調査で、標高五〇ｍの最も高い頂部付近にある一之郭では、土塁と溝に囲まれた平坦部から掘立柱建物や柵列などの柱穴跡が検出され、陶磁器片やカワラケと呼ばれる土師器皿が発見されている。

陶磁器には、中国産の青磁、白磁の皿があり、十六世紀中頃の遺跡から出るものである。また、土師器には、皿が四五枚、箸置き八個が土器溜り状となっており、使用後に一括廃棄されたことを示している。その他の遺物には、銭貨や鏡があるのみで、長期間の生活の痕跡はない。

また、山根正明氏によれば、「西谷のように完結した郭群もあれば、西部地区のように中途半端な普請も見受けられる」とされ、計画的に造られた城ではないことが窺える。

但し、南側は宍道湖に面し、東西は低湿地が広がり、要地に築かれた城と言えよう。また、東麓には古くからの末次の港町が存在し、内海水運の物資集積地であり、城下の機能も持ち合わせていたと考えられる。

白鹿城跡（松江市法吉町）　松江城の北約三㎞の場所に位置し、島根半島から派生する標高一五四ｍの白鹿山に築かれた山城である。

半島部と大橋川流域を押さえる拠点として尼子氏が重視し、尼子晴久の義兄松田誠保に守らせたという。尼子攻めを行った毛利元就は南方の荒隈城を本陣とし、永禄六年（一五六三）に攻略した。その後の尼子氏復興戦（元亀元年（一五七〇）、元亀二年（一五七一））では、白鹿城は使用されず、向いにある真山城が尼子氏の拠点となった。

白鹿山の頂部を主郭とし、馬蹄形になっている周囲の丘陵にも大小の郭を設置している。郭からは十六世紀中葉の青磁、白磁の皿や備前焼の壺等の破片が採集されている。

満願寺城跡（松江市西浜佐陀町）　宍道湖岸にある標高二八ｍの低丘陵に築かれた小規模な城である。東側には荒隈城跡があり、その中間には『出雲国風土記』に「佐陀水《さだのみず》海《うみ》」と書かれた潟湖が存在し、中世には宍道湖への出口には「佐陀江」と呼ばれる津があった。尼子氏復興戦において、元亀元年（一五七〇）に新山城の尼子方は西方にある毛利氏の大勝山城を攻め落とした。さらに南に下がり、満願寺山に海城を造り、宍道湖への出口とした。しかし、毛利方はその年末に、水軍を中心として攻略している。城跡は、宍道湖に望む低丘陵に築かれ、瘤状の三か所に加工面が存在する。残りの良いのは満願寺の裏にあたる東端の場所で、頂部には広い主郭があり、周囲の斜面には小さい郭群が残る。また、遺構としては小規模な竪堀や堀切も認められる。

和久羅山城跡（松江市朝酌町）　中海と宍道湖とを繋ぐ大橋川の中程に位置する和久羅山に築かれた山城で、富田城と白鹿城との中間に位置し、永禄年間（一五五八～七〇）の尼子氏と毛利氏との雲芸攻防戦、またその後の尼子家復興戦では重要な役割を果たした。大橋川と中海の水運を押さえることができ、南側にある茶臼山城（松江市山代町）とともに、この地域における拠点的な城であった。

標高二六一ｍの頂部に細長い平坦地を主郭とし、その西に延びる尾根上に大小の細長い郭や腰郭を配置する。

大橋川沿いの城跡について　島根半島の大橋川沿いに分布する城跡は殆どが山城で、半島部や日本海、内海の抑えの城であった。これらの城跡は和久羅山城跡に代表されるように、山頂部の主郭を中心に、周囲に大小の郭を置き、さらに堀切等で防御している。

その様な山城が多い中、湖岸の亀田山、荒隈山、満願寺山に築かれた城は低丘陵に位置する平山城で、近くに末次や佐陀江と呼ばれた津や港があり、物資の集積地、中継地として賑わっていたと考えられる。このように、水運を制してもおり、海城的な機能も併せもつ城といえよう。戦時には、毛利水軍の重要拠点となる城としても機能し、雲芸攻防戦では荒隈城は陣城として使用されたのである。

　前述した城の他にも、小規模な城も周囲に幾つか点在している。和久羅城跡の近くの西尾町にある稲葉山城跡のように、文献には出ないが、発掘調査により戦国時代の一時期に使用されたものも知られている。郭は数個のみである。土塁をもち、柱穴か、柵列用のピットも検出され、投弾用の石もまとまって出土している。遺物は少なく、青磁碗・皿、天目茶碗が各一個と、その他に鉄釘や銭貨がある。ただ、カワラケと呼ばれる土師器皿だけはまとまって発見されている。

　なお、出雲国内の多くの城は戦国時代から尼子氏復興戦までの期間に使用され、十六世紀後半の毛利氏支配下では、軍事的緊張はなく、新たな築城や城普請も少なかったと考えられる。

おわりに

平成二十一年（二〇〇九）から始まった松江市史編纂事業では、約一八〇名の研究者にご参加いただき、全国に視野を広げた調査と研究が行われました。幸いにも、市史編纂事業に関わった私たちは、各分野での最新の研究動向に触れることができたのです。

市史編纂事業が始まって間もない頃でしたが、発刊されたばかりの川村博忠著『江戸幕府の日本地図 ―国絵図・城絵図・日本図』を読んで、驚きました。①幕府は寛永十年（一六三三）に全国を六区分して巡見使を派遣し、諸国から国絵図を徴集した。②巡見使の主要な任務に元和一国一城令遵守の見届け、古城の見分があった。③寛永十年幕府収納国絵図には「古城」の表記がある、というものです。『松江市史』史料編「絵図・地図」の編集では、川村博忠先生にご参加いただき、「国絵図」を執筆いただいていましたので、すぐに寛永十年出雲国絵図（南葵文庫図、池田家文庫図）の画像を観察することができました。二つの国絵図とも、「古城」と記された場所は、富田、三刀屋、赤穴、亀嵩の四か所だったのです。

同じころ、『松江市史』別編「松江城」の編集では、関ヶ原合戦後に出雲国主となった堀尾氏の「本・支城体制」について、近世城郭の築城技術という観点から中井均先生により研究が進められていました。関ヶ原合戦後は戦国時代最大の軍事的緊張を生み、堀尾氏は居城を築くだけではなく、新領地支配と国境警備のために支城を築いたとするもので、富田城跡、三刀屋城跡、赤名瀬戸山城跡などが支城として調査が進んでいました。

堀尾氏の「本・支城体制」についての調査が進む中で、寛永十年出雲国絵図に記された「古城」が一国一城令で廃された城であるなら、堀尾氏の支城が置かれた場所を示しているのではないか、と頭の中で結びついたのです。江戸幕府の絵図から見た初期松江城について研究を進めるきっかけでした。

本書は、松江市史編纂事業と松江城研究が進む過程で、折々に発表してきた論考やコラムを再編集したものです。この間、井上寛司先生、川村博忠先生、中井均先生、和田嘉宥先生、大矢幸雄先生には格別のご教示とご便宜をいただきました。心より感謝申し上げます。

江戸幕府の絵図からみた初期松江城　執筆分担

第一章　「正保城絵図」から見た初期松江城　稲田　信
コラム1　松江城・水の手門の不思議　稲田　信
第二章　幕府収納出雲国絵図に記された「古城」と近世初頭の本・支城体制について　稲田　信、西尾克己
第三章　近世出雲国の居城名称に関する一考察　稲田　信、小山祥子
コラム2　「松江」の名称由来について　稲田　信
付　章　松江城築城頃の地理・歴史的環境　西尾克己

【松江城と江戸幕府収納絵図に関する主な参考文献】

安高尚毅・金澤雄記・和田嘉宥　二〇一七「初期松江城天守の形態に関する復原的考察」『二〇一六年度日本建築学会中国支部研究報告集 第四〇巻』日本建築学会中国支部

飯塚康行　二〇〇一「松江城出土軒瓦について」『史跡松江城整備事業報告書』第2分冊（調査編）松江市教育委員会

石井悠　二〇一三『松江城と城下町の謎にせまる　―城と城下の移り変わり―』（山陰文化ライブラリー4）ハーベスト出版

磯永和貴　一九九九「紅葉山文庫収蔵『献上国絵図』の管理と利用」『史学論集』佛教大学文学部

稲田信・内田文恵・居石由樹子　二〇一三「松江城天守創建に関わる祈祷札について」『松江城研究2』松江市教育委員会

稲田信・福井将介　二〇一六「松江城天守古写真考　―『明治初年』とされる荒廃した松江城天守古写真について―」『松江市歴史叢書9』松江市

稲田信・内田文恵・小山祥子　二〇一六「史料紹介『高城権八家過去帳』に見る高城権八家の系譜」『松江市歴史叢書9』松江市

稲田信　二〇二一「『斐伊川東流』に関する問題提起　―寛永12、16年斐伊川東流説への疑問と斐伊川東流に関する主な記述―」『松江市歴史叢書14』松江市

稲田信　二〇二二「『竹内右兵衛書つけ』再考　―朱書と奥書に記された『右兵衛』について―」

『松江城研究4』松江市
稲田信・西尾克己　二〇二三「幕府収納国絵図から読み解く近世城郭　―幕府収納出雲国絵図に記された「古城」と近世初頭の本・支城体制について―」『論集松江城Ⅰ』松江市
稲田信　二〇二四「城絵図　―『正保城絵図』から見た松江城―」『近世城郭の考古学』高志書院
入谷仙介　一九八三「松江の地名由来」『山陰の城下町』（山陰中央新報ふるさと文庫12）山陰中央新報社
卜部吉博　二〇一三「祈祷札の打ち付け位置について」『松江城調査研究集録1』松江市
大北哲也　二〇一八「松江城天守築城鎮宅の祈祷について」『松江市歴史叢書11』松江市
大矢幸雄・和田嘉宥　二〇一六「松江市域の絵図・地図目録（中間報告）」『松江市歴史叢書9』松江市
大矢幸雄・渡辺理絵　二〇一八「近世初期における松江城下町の空間的特性　―『堀尾期松江城下町絵図』の分析を通して―」『松江市歴史叢書11』松江市
大矢幸雄　二〇二二「城下町松江の近代都市化に向けて　―江戸時代後期から明治時代初期までの動向―」『松江城研究4』松江市
大矢幸雄・渡辺理絵　二〇二三「『堀尾期松江城下町絵図』から見た近世初期における松江城下町の空間的特性　―新出史料を加えた再評価と絵図の科学的分析の必要性―」『論集松江城Ⅰ』松江市
岡崎雄二郎　二〇一五「史跡松江城の発掘調査（1）―外曲輪（二之丸下ノ段）―」『松江市歴史叢書8』松江市
岡崎雄二郎　二〇一六「史跡松江城の発掘調査（2）―北惣門橋跡、御廊下橋跡―」『松江市歴史叢

書9』松江市
岡崎雄二郎　二〇一九　『松江城を掘る　－発掘調査半世紀の成果－』（松江城ブックレット1）松江市
岡崎雄二郎　二〇二〇　「松江城の鯱瓦と鬼瓦」『松江城調査研究集録7』松江市
岡崎雄二郎　二〇二〇　「史跡松江城の発掘調査（3）－本丸土坑－」『松江市歴史叢書13』松江市
岡崎雄二郎・乗岡実他　二〇二〇　「松江城の石垣刻印分布調査について（1）」『松江市歴史叢書13』松江市
岡崎雄二郎・澤田順弘・乗岡実　二〇二一　「圓成寺所在の大形矢穴が残る石材と分銅紋鬼瓦について」『松江城研究3』松江市
岡崎雄二郎・乗岡実他　二〇二三　「松江城の石垣刻印分布調査について（2）－水の手門跡周辺石垣－」『松江城研究4』松江市
岡崎雄二郎　二〇二三　「史跡松江城の調査（4）－外曲輪（二之丸下ノ段）南東部の礎石建物跡－」『松江城研究4』松江市
岡田射雁　一九三三　「千鳥城の築城とその城下」『島根叢書第一篇』島根縣教育會
小野寺淳・平井松午編　二〇二一　『国絵図読解辞典』創元社
金澤雄記・小林久高・和田嘉宥　二〇二一　「松江城三之丸御殿の復元的考察」『松江城研究3』松江市
金澤雄記・小林久高・和田嘉宥他　二〇二三　「松江城二之丸御殿の復元的考察」『松江城研究4』松江市

金澤雄記　二〇二三「初期松江城天守の位置付け」『論集松江城Ⅰ』松江市

金澤雄記・小林久高　二〇二三「山陰三城の御殿建築」『論集松江城Ⅰ』松江市

金田章裕・上杉和央　二〇一二『日本地図史』吉川弘文館

河井忠親　一九六七『松江城』松江今井書店

河原荘一郎　二〇一三「松江城下町遺跡の土質試験」『松江城研究2』松江市教育委員会

川村博忠　一九七三「正保肥前国絵図の作成経緯について」佐世保工業高等学校研究報告第一〇号

川村博忠　一九八四『江戸幕府撰国絵図の研究』古今書院

川村博忠　一九九〇『国絵図』吉川弘文館

川村博忠編　二〇〇二『寛永十年巡見使国絵図　日本六十余州図』柏書房

川村博忠　二〇一〇『江戸幕府の日本地図　―国絵図・城絵図・日本図』吉川弘文館

川村博忠　二〇一二「寛永期に2度作成された中国筋国絵図　―寛永10、15年出雲国絵図の比較―」『松江市歴史叢書5』松江市教育委員会

川村博忠　二〇一三「明暦大火被災による正保国絵図再提出の時期について」『歴史地理学55―1』

川村博忠　二〇一三『江戸幕府撰日本総図の研究』古今書院

城戸久　一九六六「松江城天守」『仏教芸術　六〇』毎日新聞社

木村礎他編　一九八九『藩史大事典　第5巻　近畿編』雄山閣

木村礎他編　二〇〇二『藩史大事典　第6巻　中国・四国編』雄山閣

国書刊行会編　一九〇六『近藤正斎全集　第二』国書刊行会

国絵図研究会編　二〇〇五『国絵図の世界』柏書房

小林准士　二〇二三「松江城下の堀の管理に関する史料紹介」『論集松江城Ⅰ』松江市

小山泰生　二〇一六「松江城下町遺跡における陶磁器の様相と編年　―17世紀代の資料を中心に―」『松江市歴史叢書9』松江市

小山泰生・西尾克己　二〇二三「出雲地域における16世紀後半から17世紀前半の陶磁器編年　―富田城関連遺跡群と松江城下町遺跡を中心として―」『論集松江城Ⅰ』松江市

佐々木倫朗、松原祥子他　二〇〇七「春光院所蔵の堀尾氏関連文献史料について」『松江市歴史叢書1』松江市教育委員会

佐々木倫朗　二〇〇八『堀尾吉晴と忠氏　―松江開府を成しとげた武将たち―』（ふるさと文庫4）松江市教育委員会

佐々木倫朗・福井将介　二〇一六「いわゆる『松江城築城物語』に関する再検討」『松江市歴史叢書9』松江市

佐々木倫朗・小山祥子　二〇一七「『堀尾古記』の翻刻と検討」『松江市歴史叢書10』松江市

佐藤仁志　二〇二〇『松江城山の生きものたち』（松江城ブックレット3）松江市

澤田順弘・大郷周平他　二〇一七「国宝松江城天守附鎮物の『玉石』の岩石とその原産地推定」『松江城調査研究集録4』松江市

清水真一　二〇二三「日本建築史における天守建築　―高層化を支えた建築技法―」『論集松江城Ⅰ』松江市

白石純　二〇一六「松江城および周辺遺跡出土瓦の胎土分析について」『松江市歴史叢書9』松江市

新宮敦弘・澤田順弘他　二〇一八「松江城石垣の岩石とその原産地」『松江市歴史叢書11』松江市

新庄正典　二〇一二「松江城下町遺跡出土の桔梗紋の瓦を使用した家について」『松江歴史館研究紀要第二号』松江歴史館
島田成矩　一九七六「松江城下図と城下町（二）」『松江工業高等専門学校研究紀要第十二号』松江工業高等専門学校
島田成矩　一九八五『松江城物語』山陰中央新報社
杉本史子・礒永和貴他　『絵図学入門』東京大学出版会
杉本史子　二〇二二『絵図の史学』名古屋大学出版会
鈴木一有　二〇二三「堀尾氏領有期の浜松城」『論集松江城Ⅰ』松江市
須田主殿　一九五四『城郭史から見た松江城天守と昭和の修理』（稿本・松江歴史館所蔵）
島根県史編纂掛編　一九三〇『島根県史九』（藩政時代下）島根縣内務部島根縣史編纂掛
島根県教育委員会編　一九九八『島根県中近世城館跡分布調査報告書第２集　出雲・隠岐の城館』島根県教育委員会
島根県教育庁埋蔵文化財調査センター編　二〇一五『松江城三之丸跡　松江城下町遺跡（殿町１２８）―島根県庁改修工事に伴う埋蔵文化財発掘調査報告書―』島根県教育委員会
島根大学附属図書館編　二〇一二『島根の国絵図　―出雲・石見・隠岐』今井出版
重要文化財松江城天守修理事務所　一九五五『重要文化財松江城天守修理工事報告書』松江市
瀬戸浩二・渡辺正巳他　二〇一五「松江平野北部の平野発達史と古環境変遷史」『松江市歴史叢書８』松江市
千田嘉博編　二〇〇一『図説　正保城絵図』新人物往来社

高屋茂男編　二〇一三　『出雲の山城』ハーベスト出版

高柳光寿　一九七〇　「元和一国一城令」『高柳光寿史学論文集』吉川弘文館

徳永隆・澤田順弘・新宮敦弘　二〇二〇　「松江城月見櫓下石垣と石材について」『松江市歴史叢書13』松江市

鳥羽正雄　一九七六　「内閣文庫所蔵 正保城絵図解題」『内閣文庫所蔵 正保城絵図』国立公文書館内閣文庫

中井均　二〇一二　「堀尾氏の出雲支配における支城について（1）―三刀屋尾崎城―」『松江城研究1』松江市教育委員会

中井均　二〇一三　「堀尾氏の出雲支配における支城について（2）―赤名瀬戸山城―」『松江城研究2』松江市教育委員会

中井均　二〇一六　「堀尾氏の出雲支配における支城について（3）―亀嵩城と三沢城―」『松江市歴史叢書9』松江市

中井均編　二〇二〇　『松江城』（山陰名城叢書2）ハーベスト出版

中井均　二〇二二　「松江城の虎口構造」『松江城研究4』松江市

中井均　二〇二三　「日本城郭史における近世松江城」『論集松江城Ⅰ』松江市

中井均　二〇二三　「近世城郭の虎口構造について　―城絵図からの構造分類を中心に―」『論集松江城Ⅰ』松江市

西和夫他　二〇一三　『松江城天守学術調査報告書』松江市

西和夫　二〇一四　『松江城再発見　―天守・城・城下町―』（松江市ふるさと文庫16）松江市

西尾克己・稲田信他　二〇〇七「春光院に所在する来待石製石塔群について」『松江市歴史叢書1』松江市教育委員会

西尾克己・稲田信他　二〇一〇「松江東照宮と圓流寺伝来の石造物について　―松江神社、圓流寺、鰐淵寺等に所在する石造物―」『松江市歴史叢書2』松江市教育委員会

西尾克己・稲田信・木下誠　二〇一三「高野山奥の院に所在する堀尾家墓所について」『松江歴史館研究紀要第三号』松江歴史館

西尾克己・稲田信・福井将介　二〇一四「江戸幕府収納の出雲国絵図に記された『古城』について」『松江歴史館研究紀要第四号』松江歴史館

西尾克己・原俊二・持田直人　二〇二二「斐伊川の流路と出雲平野の遺跡」『松江市歴史叢書14』松江市

西尾克己　二〇二二「富田城下に所在した寺院　―富田川河床遺跡発掘調査から探る―」『松江城研究4』松江市

西島太郎　二〇一〇『京極忠高の出雲国・松江』（松江市ふるさと文庫8）松江市教育委員会

西島太郎　二〇一〇「松江藩主の居所と行動　―京極・松平期―」『松江市歴史叢書2』松江市教育委員会

西本省三他編　一九八〇『日本城郭体系13　広島・岡山』新人物往来社

野津静一郎・上野富太郎　一九四一『松江市誌』松江市

乗岡実　二〇一四「松江城の石垣の構造と年代」『松江市歴史叢書7』松江市教育委員会

乗岡実　二〇一五「松江城の屋根瓦　―山陰で活躍した瓦工人と城郭整備―」『松江市歴史叢書8』

松江市
乗岡実　二〇一七　『石垣と瓦から読み解く松江城』（松江市ふるさと文庫19）松江市
乗岡実　二〇二三　「松江城石垣の石材調達　－採石地と矢穴技法を中心に－」『論集松江城Ⅰ』松江市
長谷川博史　二〇一三　『中世水運と松江　－城下町形成の前史を探る－』（松江市ふるさと文庫15）松江市教育委員会
花岡興史　二〇一三　「江戸幕府の城郭政策にみる『元和一国一城令』」『熊本史学第97号』熊本史学会
花谷浩　二〇一七　「出雲における中近世瓦と松江城築城期の瓦」『松江市歴史叢書10』松江市
林正久　一九九一　「松江周辺の沖積平野の地形発達」『地理科学46巻2号』地理科学学会
福井保　一九八〇　『江戸幕府の参考図書館　紅葉山文庫』（東京郷学文庫）郷学舎
福井将介　二〇一〇　「堀尾吉晴・忠氏父子に関する基礎的考察」『松江市歴史叢書2』松江市教育委員会
福井将介　二〇一六　「昭和25～30年の松江城関連の史料調査と須田主殿」『松江城調査研究集録3』松江市
藤井譲治　一九九〇　「大名城郭普請許可制について」『人文学報vol.66,81-100』京都大学人文科学研究所
藤岡大拙　二〇〇一　「椿説　松江地名考」『湖都松江Vol.1』松江市文化協会
松江市教育委員会　一九八〇　『史跡松江城　昭和54年度環境整備事業報告書』

松江市教育委員会　一九八二『荒隈城跡』
松江市教育委員会　一九八三『史跡松江城　昭和57年度保存修理事業報告書』
松江市教育委員会　一九八六『史跡松江城　昭和60年度保存修理事業報告書』
松江市教育委員会　一九八七『史跡松江城上御殿他発掘調査報告書』
松江市教育委員会　二〇〇七『史跡松江城石垣修理報告書』
松江市教育委員会・教育文化振興事業団　二〇一一『松江城下町遺跡（殿町二八七番地）・（殿町二七九番地外）発掘調査報告書―松江歴史館整備事業に伴う発掘調査報告書―』
松江市教育委員会・スポーツ振興財団　二〇一五『松江城下町遺跡（母衣町68）―広島高等裁判所松江支部・松江地方・家庭・簡易裁判所合同庁舎新営工事に伴う発掘調査報告書―』
松江市教育委員会・スポーツ文化振興財団　二〇一八『城山北公園線都市計画街路事業に伴う松江城下町遺跡発掘調査報告書8』
松江市史編集委員会　二〇一五「自然環境・原始・古代」（通史編1）『松江市史』松江市
松江市史編集委員会　二〇一六「中世」（通史編2）『松江市史』松江市
松江市史編集委員会　二〇一九「近世Ⅰ」（通史編3）『松江市史』松江市
松江市史編集委員会　二〇二〇「近世Ⅱ」（通史編4）『松江市史』松江市
松江市史編集委員会　二〇二〇「近現代」（通史編5）『松江市史』松江市
松江市史編集委員会　二〇一九「自然環境」（史料編1）『松江市史』松江市
松江市史編集委員会　二〇一二「考古資料」（史料編2）『松江市史』松江市
松江市史編集委員会　二〇一三「古代・中世Ⅰ」（史料編3）『松江市史』松江市

松江市史編集委員会　二〇一四「中世Ⅱ」（史料編４）『松江市史』松江市
松江市史編集委員会　二〇一一「近世Ⅰ」（史料編５）『松江市史』松江市
松江市史編集委員会　二〇一三「近世Ⅱ」（史料編６）『松江市史』松江市
松江市史編集委員会　二〇一五「近世Ⅲ」（史料編７）『松江市史』松江市
松江市史編集委員会　二〇一六「近世Ⅳ」（史料編８）『松江市史』松江市
松江市史編集委員会　二〇一七「近現代Ⅰ」（史料編９）『松江市史』松江市
松江市史編集委員会　二〇一九「近現代Ⅱ」（史料編10）『松江市史』松江市
松江市史編集委員会　二〇一四「絵図・地図」（史料編11）『松江市史』松江市
松江市史編集委員会　二〇一八「松江城」（別編１）『松江市史』松江市
松江市史編集委員会　二〇一五「民俗」（別編２）『松江市史』松江市
松江市史編集委員会松江城部会　二〇一六「松江城城郭呼称について」『松江市歴史叢書９』松江市
松江市史料編纂課松江城調査研究室編　二〇一八『松江城天守実測図（城戸久氏調査図面）』（松江城関係資料集１）松江市
松江市史料編纂課松江城調査研究室編　二〇一九『松江城天守古材調査記録』（松江城関係資料集２）松江市
松江市史料編纂課松江城調査研究室編　二〇二〇『松江城天守昭和修理工事図面集』（松江城関係資料集３）松江市
松江市史料編纂課松江城調査研究室編　二〇二一『武家屋敷の住宅地図と居住者の変遷　―松江城下町絵図と「嘉永五年御家中屋敷割帳写」を対照する―』（松江城関係資料集４）松江市

松江市埋蔵文化財調査室編　二〇一八『史跡松江城石垣総合調査報告書』松江市
松江歴史館編　二〇一一『雲州松江の歴史をひもとく』（松江歴史館展示ガイド）松江歴史館
松江歴史館編　二〇一一『松江創世記　堀尾氏三代の国づくり』（松江歴史館特別展図録）松江歴史館
松江歴史館編　二〇一八『松江歴史館蔵 極秘諸国城図 図版集』松江歴史館
松尾寿　二〇〇八『城下町松江の誕生と町のしくみ　―近世大名堀尾氏の描いた都市デザイン―』（松江市ふるさと文庫5）松江市教育委員会
松尾寿　二〇一五「江戸時代出雲地方の風水害と地震」『松江城調査研究集録2』松江市
松尾寿　二〇一六「江戸時代出雲地方の風水害と地震」（補遺）『松江城調査研究集録3』松江市
松尾信裕　二〇一七「近世初頭の都市における町人地の形態と内部構造」『国立歴史民俗博物館研究報告』第204号
松尾信裕　二〇二一「松江藩の支城城下町　―富田・三刀屋・赤名・亀嵩―」『松江城研究3』松江市
松尾信裕　二〇二一『出雲の城下町・陣屋町　―出雲領国内の城下町と陣屋町の形を探る―』（松江城ブックレット4）松江市
松尾信裕　二〇二三「松江城下町と同時代建設の城下町」『論集松江城Ⅰ』松江市
松原祥子　二〇一〇『松江城下に生きる　―新屋太助の日記を読み解く―』（松江市ふるさと文庫9）松江市教育委員会
三宅理一　二〇二三「世界の城郭と日本の城郭　―16・17世紀フランスから見た「城」の東西比較―」

『論集松江城Ⅰ』松江市
三宅理一　二〇二三　「陸軍と松江城」『論集松江城Ⅰ』松江市
森潤三郎　二〇一七　『決定版　紅葉山文庫と書物奉行』鷗出版
山田由香里　二〇一七　「松江城天守雛形について」『松江城調査研究集録4』松江市
山田由香里　二〇二三　「松江城天守の構造的特色　―天守は最上階祭祀空間のための高層建築―」『論集松江城Ⅰ』松江市
山根正明　二〇〇九　『堀尾吉晴　―松江城への道―』（松江市ふるさと文庫6）松江市教育委員会
山根幸恵他編　一九八〇　『日本城郭体系14　鳥取・島根・山口』新人物往来社
矢守一彦　一九七四　「城絵図と城下絵図」『都市図の歴史　―日本編―』講談社
矢守一彦　一九八〇　「幕府へ提出の城下絵図について」『待兼山論叢　日本学篇第13号』大阪大学文学部
湯浅耕三　一九八七　「流失した旧紅葉山文庫蔵会津・仙台・高田の正保城絵図についての一考察」『日本建築学会計画系論文報告書三七七巻』日本建築学会
横田修一郎　二〇一七　「松江城天守の鎮物に用いられた『玉石』の原石状態と加工に関する地質学的検討」『松江城調査研究集録4』松江市
和田嘉宥　二〇一二　「史料翻刻・解題『（竹内右兵衛書つけ）』」『松江城研究1』松江市教育委員会
和田嘉宥　二〇一三　「松江城城郭施設の推移について」『松江城研究2』松江市教育委員会
和田嘉宥　二〇一三　「史料翻刻・考察『御城内惣間数』」『松江城研究2』松江市教育委員会
和田嘉宥　二〇一四　「三ノ丸の特色とその推移について」『松江市歴史叢書7』松江市教育委員会

和田嘉宥・稲田信　二〇一七「初期松江城天守の形態に関する試論　―絵図、文献史料、天守に残された痕跡を通して―」『松江市歴史叢書10』松江市

和田嘉宥・稲田信　二〇一七「『正保城絵図』と『出雲国松江城絵図』に関する考察」『松江市歴史叢書10』松江市

和田嘉宥・岡崎雄二郎・稲田信　二〇一八「明治8年以前の城郭施設を描いた『旧松江城図面』と類似の絵画資料について」『松江市歴史叢書11』松江市

和田嘉宥　二〇一九「松江城郭絵図『出雲御本丸』について」『松江市歴史叢書12』松江市

和田嘉宥　二〇二〇『松江城天守再考　―天守は「さらに荘重」だったのか―』（松江城ブックレット2）松江市

和田嘉宥　二〇二二「井上梅三が『まことに遺憾』と記した『昭和の修理』について」『松江城研究4』松江市

和田嘉宥　二〇二三「初期松江城天守の外観変化について　―修理経過を通して見る松江城天守の変容―」『論集松江城Ⅰ』松江市

渡辺浩一　一九九九「（第一章）在方町の『町』・『宿』呼称の変化について」『近世日本の都市と民衆　―住民結合と序列意識―』吉川弘文館

渡辺正巳　二〇一三「松江城祈祷札の樹種同定及びウイグルマッチングによる年代測定」『松江城研究2』松江市教育委員会

渡辺正巳・瀬戸浩二　二〇一三「松江平野の古環境（2）―県道城山北公園線（大手前通り）発掘調査に関連して（2）―」『松江城研究2』松江市教育委員会

渡辺正巳・瀬戸浩二他　二〇一六「松江平野北部の平野発達史と古環境変遷史（2）－花粉分析から推定される古植生－」『松江市歴史叢書9』松江市

渡辺正巳・瀬戸浩二他　二〇一七「松江平野北西部の平野発達史と古環境変遷史　－法吉坡の形成と周辺の古植生－」『松江市歴史叢書10』松江市

渡辺正巳・古野毅　二〇一七「松江城天守の用材樹種調査1（階段）」『松江城調査研究集録4』松江市

渡辺正巳・古野毅　二〇一八「松江城天守の用材樹種調査2（旧柱）」『松江城調査研究集録5』松江市

渡辺正巳・古野毅　二〇一八「松江城天守伝来資料の用材樹種調査（鎮宅祈祷札・鎮物祈祷札）－松江城天守の用材樹種調査3」『松江城調査研究集録5』松江市

渡辺正巳・古野毅　二〇一九「松江城天守の用材樹種調査4（松江城天守古材）」『松江城調査研究集録6』松江市

渡辺正巳・古野毅　二〇二〇「松江城天守の用材樹種調査5（松江城天守関連古材2　－多聞櫓転用材－）『松江城調査研究集録7』松江市

渡辺理絵・大矢幸雄　二〇一三「『松江城及城下古図』の特徴とその表現内容」『松江市歴史叢書6』松江市教育委員会

松江城関係略年表

年号	西暦	松江城にかかわる主な出来事（太字は幕府収納絵図、初期松江城関係）
慶長五年	一六〇〇	**九月、関ヶ原合戦** **十一月、堀尾吉晴・忠氏親子、出雲・隠岐二国二十四万石を拝領、富田城に入る**
慶長八年	一六〇三	**二月、家康、征夷大将軍となり、江戸に幕府を開く** **この年、堀尾氏、幕府より新城築城の許可を得るか**
慶長九年	一六〇四	**八月、堀尾忠氏、逝去** **八月、幕府、慶長国絵図・郷帳の徴集を命じる**
慶長十一年	一六〇六	末次村在家を中原村へ移転させる
慶長十二年	一六〇七	**この年、出雲国の新しい居城の築城開始か**
慶長十三年	一六〇八	**「松江越」と記される（堀尾古記）。富田から松江への政治機能の移転か**
慶長十四年	一六〇九	出雲大社造替遷宮。願主豊臣秀頼、奉行堀尾吉晴
慶長十六年	一六一一	**正月吉祥日、天守完成の祈祷が行われる** **一月、忠晴、初めて松江より江戸に出立、五月二日に帰城**

松江城関係略年表

慶長十七年	一六一二	六月、堀尾吉晴、逝去
		堀尾忠晴、徳川秀忠より出雲・隠岐国の支配を認める判物を受ける
慶長十九年	一六一四	十月、大坂冬の陣
慶長二十年（元和元年）	一六一五	四月、大坂夏の陣
		閏六月、幕府、「一国一城令」を命じる
		七月、幕府、武家諸法度を制定
元和五年	一六一九	忠晴、福島正則の改易に伴い城受取りのため広島出陣
寛永六年	一六二九	御屋敷（城内三之丸御殿か）の作事始まる
寛永十年	一六三三	一月、幕府、全国に巡見使を派遣。巡見使を通して諸国の国絵図を徴集（寛永十年国絵図）
		四月、堀尾但馬、巡見使に「出雲国ノ絵図」で国内の様子を伝える
		九月、堀尾忠晴、江戸で逝去
寛永十一年	一六三四	閏七月、京極忠高、出雲・隠岐二国を拝領
寛永十三年	一六三六	寛永十二～十三年頃、寛永十年日本図完成
寛永十四年	一六三七	六月、京極忠高、江戸で逝去
		十月、島原の乱（島原・天草一揆）勃発（翌年二月、終結）
寛永十五年	一六三八	二月、松平直政、出雲国を拝領（隠岐国預り）

		四月、直政、松江城に登る（直政年譜） 五月、幕府、中国筋に限り国絵図の徴集を命じる（寛永十五年国絵図）
寛永十六年	一六三九	この年、寛永十五年日本図完成
正保元年	一六四四	十二月、幕府、正保国絵図・城絵図等の徴集を諸大名に命じる
正保二年	一六四五	この年、直政、正保国絵図・城絵図等を提出（献上）
明暦三年	一六五七	一月、明暦江戸大火。江戸城火災により正保国絵図等を焼失、後に再提出
寛文六年	一六六六	二月、直政、江戸で逝去 綱隆（二代）、襲封 幕府（老中）より、城郭修復の許可あり
寛文七年	一六六七	出雲大社造替遷宮 巡見使入国に併せて北堀橋床の石垣を築造
寛文九年	一六六九	綱隆、居所を三之丸から二之丸に移す
延宝二年	一六七四	六月、出雲地方大雨。大雨により、三之丸御殿は玄関三段目まで水に浸かる 九月、外曲輪（馬溜）、三之丸の石垣修理の伺いを幕府に提出（出雲国松江城之絵図）

延宝三年	一六七五	綱隆、松江城三之丸で逝去 綱近（三代）、襲封
延宝四年	一六七六	天守附櫓の屋根修理が行われる
延宝六年	一六七八	母衣町大火
元禄四年	一六九一	この年、北之丸（北廓）の石垣を補修（綱近年譜上）
元禄五年	一六九二	三之丸の奥御殿並びに姫様（万姫）御殿（併せて三〇〇坪）ができる
元禄七年	一六九四	後山御茶屋、田中御茶屋（御花畑）が初めて造られる
元禄九年	一六九六	北之丸（後山）に幸松丸（後の四代吉透）の「新宅」できる
元禄十年	一六九七	六月、雨により三之丸北多門の石垣が崩れ、幕府に届け修理（綱近年譜、御作事所御役人帳）
元禄十一年	一六九八	この頃、「松江城縄張図」が作成される
元禄十三年	一七〇〇	天守の北側張出棟破風の修理
元禄十五年	一七〇二	八月、大雨で宍道湖が増水（一丈十二尺）、松江城の石垣が壊れる（綱近年譜）
宝永元年	一七〇四	吉透（四代）、襲封
宝永二年	一七〇五	吉透、江戸で逝去 宣維（五代）、襲封

宝永六年	一七〇九	外記（綱近）、北之丸で逝去 大橋掛け直し
宝永七年	一七一〇	**六月、松平庄五郎（宣維）、宝永出雲国絵図（元禄出雲国絵図）を提出**
正徳四年	一七一四	宣維、この年初めて入国し、松江城をめぐる
正徳六年	一七一六	老中井上正岑（河内守）に天守修理届けを出し、許可を得る
享保二年	一七一七	この年、石垣修理の伺いを幕府に提出（宣維年譜全）
享保三年	一七一八	天守小形（模型）が作られる
享保四年	一七一九	この頃、天守内の柱に包板が添えられる
享保五年	一七二〇	この年、石垣修理の伺いを幕府に提出（宣維年譜全）
享保十六年	一七三一	宣維、江戸で逝去 宗衍（六代）、襲封
享保十七年	一七三二	巡見使を迎えるために城内を修復する。九月、巡見使入国し、翌年二月七日に松江を発つ
元文三年	一七三八	この頃、天守の本格的な修理が行われる（宗衍年譜、天守墨書） 七月、石垣修理の伺いを幕府に提出（松江城郭図）
寛保三年	一七四三	この年、天守の修復はひとまず終了
延享二年	一七四五	宗衍、初めて松江に入り、天守に登る

		松江城下大洪水にみまわれる
寛延元年	一七四八	五月、出雲地方で地震 十月頃、二之丸石垣修理の伺いを幕府に提出（宗衍年譜）
寛延二年	一七四九	この年、北之丸（後山）の土手が崩れ補修（列士録・佐藤周鮮）
明和三年	一七六六	治郷（鶴太郎）、初めて松江城に入る
明和四年	一七六七	この年、「御立派」改革始まる 治郷（七代）、襲封
安永二年	一七七三	七月、石垣修理伺いを幕府に提出（出雲国松江城〔諸国城郭修復図〕）
安永七年	一七七八	八月、石垣修理伺いを幕府に提出（松江城郭古図）
天明元年	一七八一	石垣修理伺いを絵図を添えて幕府に提出。一月二十七日に幕府より許可（雲国候年譜）
天明二年	一七八二	宗衍、江戸で逝去
文化元年	一八〇四	この年、北之丸（後山）の石垣修復（列士録・三成伴六）
文化三年	一八〇六	斉恒（八代）、襲封。治郷、隠居し不昧を号す
文化八年	一八一一	城内稲荷若宮八幡社造営
文化十二年	一八一五	天守修理
文政元年	一八一八	不昧（治郷）、江戸で逝去

文政五年	一八二二	斉斎（斉貴）（九代）、襲封
天保三年	一八三二	この年、本丸、二之丸の石垣破損。中櫓と二棟の櫓の建て直し（普門院文書）
天保九年	一八三八	**五月、天保出雲国絵図が仕立てられる**
天保十一年	一八四〇	この年、石垣修理（月見櫓下石垣など）
嘉永四年	一八五一	この年、二之丸登廊下および石垣修理（列士録・小林祖一郎）
嘉永六年	一八五三	定安（十代）、襲封
慶応三年	一八六七	朝廷、王政復古を宣言
明治元年	一八六八	西園寺鎮撫監督一行、松江城を検分
明治二年	一八六九	藩治職制（第一次）を施行 版籍奉還、城地は官有地となる 定安、松江藩知事に任命される。直ちに諸般の改革に着手、三之丸を藩庁（公廨）に充てる
明治四年	一八七一	松江藩より廃城の伺が太政官に提出される 松江藩庁、「松江城廃城の議」を達す 廃藩置県により松江藩を松江県と改称。松平定安、藩知事を罷める 定安、松江を去る

		松江・広瀬・母里の三県を廃し、新たに島根県を置く
明治五年	一八七二	廃藩置県に伴い、新御殿を県庁（初代）として開庁
明治六年	一八七三	松江城内で勧業博覧会（小博覧会）開催
明治八年	一八七五	松江城廃城、城郭施設の入札のために斎藤直演大尉、広島鎮台より派遣、天守は高城権八・勝部本右衛門父子の尽力で保存。天守を残してほかの建物は撤去される
明治十二年	一八七九	島根県庁舎（二代目）竣工
明治二十二年	一八八九	松江市制を執行する
明治二十三年	一八九〇	松江城地が第五師団から松平直亮に払下げられる ラフカディオ・ハーン、松江尋常中学校・師範学校の英語教師に招聘される
明治二十五年	一八九二	この頃、天守天狗の間の修繕が行われる 暴風雨により天守の屋根の一部が崩落
明治二十七年	一八九四	天守修繕工事が始まる（六月） 天守閣修繕竣工式（十二月）
明治三十二年	一八九九	松江神社が二之丸に創建される
明治三十六年	一九〇三	二之丸に松江市工芸品陳列所（行啓時の御旅館・興雲閣）落成

明治四十年	一九〇七	皇太子嘉仁親王、山陰行啓で松江御旅館（松江市工芸品陳列所）に滞在（五月二十二日〜二十六日）
明治四十二年	一九〇九	三之丸に島根県庁（三代目）が竣工
		松江市工芸品陳列所、松平直亮により「興雲閣」と命名される
明治四十三年	一九一〇	松江開府三〇〇年祭が開催される
昭和二年	一九二七	松平直政公銅像除幕式（本丸内）
		松江城が松平氏より松江市、島根県に寄附される（城山は松江市に、三之丸は島根県に）
昭和三年	一九二八	松江城山が城山公園と名付けられる
昭和四年	一九二九	「松江城山公園改造計画設計案」（日本庭園協会調査部本多静六ほか）が作成される
昭和九年	一九三四	松江城山の大半と内堀が史跡に指定される
昭和十年	一九三五	松江城天守、国宝保存法に基づき国宝に指定される
昭和十三年	一九三八	北之丸に松江招魂社（松江護国神社）が創建される
昭和十六年	一九四一	アジア・太平洋戦争が始まる
昭和二十年	一九四五	第二次世界大戦が終わる
昭和二十五年	一九五〇	文化財保護法施行。国宝保存法廃止

昭和三十年	一九五五	文化財保護法の施行に伴い、松江城天守は重要文化財に改称される 松江城天守修理工事起工式 松江城天守修理工事完了 松江城天守修理工事竣工式
昭和三十二年	一九五七	松江開府三五〇年祭が開催される
昭和三十五年	一九六〇	市政七〇周年記念事業としての本丸に多聞櫓が完成する
昭和四十一年	一九六六	城戸久が天守完成時の祈祷札について紹介する（仏教芸術六〇号）
昭和四十五年	一九七〇	史跡松江城環境整備五ヶ年計画が策定される
昭和四十八年	一九七三	興雲閣の保護と資料の収集・展示のため、松江郷土館が設置され、開館する
平成五年	一九九三	史跡松江城環境設備指針が策定される
平成十三年	二〇〇一	二之丸に南櫓、中櫓、太鼓櫓および瓦塀が復元される
平成十九年	二〇〇七	松江開府四〇〇年祭が開催される（平成二十三年十二月まで）
平成二十一年	二〇〇九	松江市教育委員会に史料編纂室（平成二十八年四月より史料編纂課）が設置される 松江城を国宝にする市民の会が設立される

平成二十二年	二〇一〇	松江市観光振興部に松江城国宝化推進室（平成二十八年より松江城調査研究室と改称）が設置される
平成二十三年	二〇一一	松江歴史館が開館する
平成二十四年	二〇一二	史料編纂室の史料調査により、松江城天守完成時の祈祷札が再発見される
平成二十六年	二〇一四	重要文化財松江城天守保存活用計画が策定される
平成二十七年	二〇一五	国の文化審議会が松江城天守を国宝に指定するよう文部科学大臣に答申する
		松江城天守が国宝に指定される

【著者略歴】（五十音順）

稲田　信（いなた　まこと）

一九六〇年　島根県大原郡木次町（現雲南市）生まれ
一九八三年　島根大学法文学部文学科（歴史学研究室）卒業
同年～　宍道町教育委員会、松江市教育委員会に勤務。宍道町蒐古館館長、宍道町教育委員会生涯学習推進室長、松江市教育委員会宍道分室長、松江市歴史まちづくり部史料編纂課長（松江城調査研究室長）、同部次長などを歴任。雲南市文化財保護審議会委員など
主な著書（共著）『簸上鉄道の開通と木次線』、『松江市史』別編「松江城」、『山陰名城叢書2・松江城』、『論集松江城Ⅰ』、『近世城郭の考古学』（単著）『宍道湖の漁具・漁法』、『来待石の採石と加工』、『斐伊川の漁具・漁法』、『松江の歴史コラム』など

小山　祥子（こやま　さちこ）

一九八一年　島根県松江市生まれ
二〇〇四年　島根大学法文学部社会システム学科（歴史学研究室）卒業
同年～　松江市教育委員会文化財課、松江市観光振興部歴史資料館整備室、松江歴史館、松江市歴史まちづくり部史料編纂課（のち史料調査課）に勤務。松江市文化スポーツ部松江城・史料調査課史料調査係長
主な著書（共著）『松江市歴史叢書』15・16、『国令』（松江市ふるさと文庫28）、『「皇国地誌」を読む』（松江市ふるさと文庫33）、（単著）『松江城下に生きる』（松江市ふるさと文庫9）、「松江藩木綿市と町の訴願」『日本史学集録第30号』など

西尾　克己（にしお　かつみ）

一九五二年　島根県出雲市生まれ
一九七六年　島根大学教育専攻科終了
一九七七年～　島根県教育委員会、島根県埋蔵文化財調査センターに勤務。島根県古代文化センター長などを歴任。出雲市文化財保護審議会委員、大田市文化財保護審議会委員など
主な著書（共著）『出雲平野の古墳』、「月山富田城とその城下町」『戦国時代の考古学』、『西国城館論集Ⅰ』、『国宝松江城』、『松江市史』別編「松江城」、『産業発展と石切り場』、『松江城』（山陰名城叢書2）、『論集松江城Ⅰ』（単著）『宍道町の古墳時代』など

山陰文化ライブラリー
19

江戸幕府の絵図からみた初期松江城
― 国絵図・城絵図・日本総図 ―

二〇二四年二月一日　初版発行

著者　稲田　信
　　　小山　祥子
　　　西尾　克己

発行　ハーベスト出版
〒六九〇-〇一三三
島根県松江市東長江町九〇二-五九
TEL　〇八五二-三六-九〇五九
FAX　〇八五二-三六-五八八九

印刷・製本　株式会社谷口印刷

定価はカバーに表示してあります。
落丁本、乱丁本はお取替えいたします。
Printed in Japan
ISBN978-4-86456-500-4 C0021

山陰文化ライブラリーシリーズ

1. 伝利休茶室とその周辺　和田　嘉宥著
　——復原された松江最古の茶室——

2. 野口英世の親友・堀市郎とその父櫟山　西島　太郎著
　——旧松江藩士の明治・大正時代——

3. やさしく学べる古事記講座　森田喜久男著
　——原文を読むと神話はもっとおもしろい——

4. 松江城と城下町の謎にせまる　石井　悠著
　——城と城下の移り変わり——

5. 中海宍道湖の科学　石飛　裕　神谷　宏　山室真澄著
　——水理・水質・生態系——

6. 旧石器が語る「砂原遺跡」　松藤和人　成瀬敏郎著
　——遥かなる人類の足跡をもとめて——

7. 古代出雲ゼミナール　島根県古代文化センター編
　——古代文化連続講座記録集——

8. 古代出雲ゼミナールⅡ　島根県古代文化センター編
　——古代文化連続講座記録集——

9. 古代出雲ゼミナールⅢ　島根県古代文化センター編
　——古代文化連続講座記録集——

10. 発掘された出雲国風土記の世界　内田　律雄著
　——考古学からひもとく古代出雲——

11. 松江城をつくった堀尾一族のあしあと　石井　悠著

12. 古代出雲繁栄の謎　川原　和人著

13. 古代出雲ゼミナールⅣ　島根県古代文化センター編
　——古代文化連続講座記録集——

14. お茶の殿様　松平不昧公　石井　悠著
　——不昧の歩んだ道と伝えられた文化遺産——

15. 古代出雲ゼミナールⅤ　島根県古代文化センター編
　——古代文化連続講座記録集——

16. 古代出雲ゼミナールⅥ　島根県古代文化センター編
　——古代文化連続講座記録集——

17. 古代出雲ゼミナールⅦ　島根県古代文化センター編
　——古代文化連続講座記録集——

18. 松江の近代建築　足立　正智著
　——明治・大正・昭和　記憶のまちかど——

19. 江戸幕府の絵図からみた初期松江城
　——国絵図・城絵図・日本総図——　稲田　信　小山　祥子　西尾　克己著

「山陰文化ライブラリー」刊行のことば

人類は言語をもち、文字をもち、思考と記憶の伝達手段を手に入れて発達を遂げてきました。そして紙を発明し、約五百五十年前には活版印刷を発明し、知識の伝達は飛躍的に増大しました。

近年では、インターネットなど電子的メディアが急速に進歩し、これらは人類にとってさらに大きな恩恵をもたらしています。しかし、これら新しい情報伝達手段は、従来の方法にとってかわるものではなくて、むしろ選択肢を増やしたというべきです。紙の本は、依然として欠くことのできない媒体であることには変わりがありません。

人が住む地域それぞれには、アイデンティティがあり生活や文化、歴史が存在します。山陰にもこの地域ならではの生活や文化、歴史が存在します。この連綿とした人々の営みを書物という媒体に託して伝えていきたい。このシリーズの刊行にあたり、この地域を愛し、この地域のことを知りたいと思う読者に末永く愛されることを願ってやみません。

平成二十三年十月一日

谷口博則